少女奇譚

Mariko Kawana
川奈まり子

晶文社

装丁

岩瀬聡

イラスト

とびはち

はじめに

少女とは、なんだろう。

かつて澁澤龍彦《しぶさわたつひこ》の『少女コレクション序説』（中公文庫）を新刊で手に取ったとき、《蝶のように、貝殻のように、捺花《おしばな》のように、人形のように、可憐な少女をガラス箱のなかにコレクションするのは万人の夢であろう》というドラコニアの呼びかけに、私は違和感を禁じえなかった。

マザーグースの歌にあるように《Sugar and spice　And all that's nice／お砂糖とスパイス、それから素敵なものみんな》で少女が創られていないことは少女だからこそ知っていた。むしろ、蝶や貝殻や捺花や人形の美と神秘を摘みとっては鑑賞する人でありたかった。ガラス箱は打ち破るためにある、と、当時の私は青くさい反撥《はんぱつ》を心の底で呟いた。

そのくせ、球体関節人形のように鑑賞される仄昏《ほのぐら》い愉しみも、密かに味わっていた。

そして本物の少女であったればこそ、私は「少女」というものに深く絶望したのである。年少者という意味において少年は少女を内包する。ところが少女は「女」という性によって少年から切り分けられてしまう――そこに少女だけが味わう苦悩が生じるのだ。

怪奇現象が主旋律なら、伴奏は女の子でいることの不自由さ。

もしくは、女という性を持つがゆえに陥った悲劇に、心霊のスパイスを振りかけたような。

私がインタビューしたのは男女を合わせてもまだ約五〇〇人程度だが、こういった自分が自分であるがゆえに怪異に遭うパターンは、女性の怪異体験談だけに顕著に見られ、はっきりした肉体的ハンデや特殊な成育歴を持つ極めて少数の人を除いて、男性にはいなかった。

実は当初、私は、少年少女混声合唱団のような、子どもの実話奇譚の本を企画していた。しかし作業を進めるに従って、体験者の性別によって、インタビューで語られる話の傾向が異なることに気がついたのだ。

そこで、このたび『少女奇譚』『少年奇譚』という二冊の本を著してみた次第である。

ところで最初の問いに戻るが、少女とは、児童福祉法第四条の三「少年」の区分に則るなら、小学校入学時から満一八歳までの女の子ということになる。

竹取物語の頃なら、初潮を迎える一〇代前半で裳着《もぎ》の儀式を受けて、少女時代は終了だ。

客体としての少女の概念も薔薇の香りの手垢がついて現実の少女から乖離《かいり》しつつも、年齢区分は法が準ずる社会通念にだいたい基づいているようだ。

乙女や処女などという血と性の檻を感じさせる分け方もある。

取材に応えてくださった女性体験者たちが語った女の子は、物心ついたときから一八歳前後までと年齢層が幅広く、概念ではなく生身なので、そういう既成の枠では括《くく》れない。

だから本書では「女の子すなわち少女である」とした。

怪異に遭遇した女の子たちの息づかいや涙の色まで、頁《ページ》の上に再現できれば何より重畳。

少女奇譚

目次

はじめに 005

あやし 015

あきちゃん 016
人ならぬもの 020
河童 025
御瀧不動尊 028
ナメクジの王様 033
キューピッドの合唱 038

学校奇譚

045

階段の花子さん 046

足が消える 051

春の小川 057

十字路より 061

鐘の音、水の音 073

憑依体質 079

今日は楽しかったか？ 088

沖縄の修学旅行 094

予知と夢

103
教える生首――104
前夜に視たこと――115
夢枕に立つ――123

呪い

127
呪殺ダイアリー――128
母という人――149

家と家族

159

音さすても見ねぁ——160
ばあちゃんに逢いたい——172
二人のハルキ——179
問題の部屋——186
鉄道の夜——197
七福神の宴会——206
菊の花一輪——215
蛇を殺すな。触るな。目も合わせるな。——221

あやし

幼い瞳に映った妖しくて奇しいものどもが、
なぜだか今は、めったなことでは視えないのです。
異しいあいつは河童でしょうか。
ラジオでは天使の合唱を放送しておりました。
隙間、裏、後ろ、みんな怪しい。
なにかいる、と、私だけに（特別に）告げる声がありました。
もう今は、聴くことが叶いません。
月影の子ども部屋は憑坐《よりまし》の聖域で、託宣だけが送られてきます。
あの子たちは彼岸と此岸を自由に翔けるあやはびら。
ここは黄昏。境の向こうへ逃げるが克ちよ。

あきちゃん

東京都世田谷区の都営下馬アパート二号棟に住んでいたのは、生まれた年の昭和四二年（一九六七年）から小学校にあがる直前の昭和四九年（一九七四年）の春先までのことだ。うちは六畳と三畳の二間に台所とトイレがついた2Kで、父方の祖父母と叔母がすぐ下の階に入居していた。

最寄り駅は路面電車の玉川電気鉄道・三軒茶屋駅だけで、駅の近くには父方の親戚がやっている下駄屋と玩具屋と、東光ストアという当時まだ珍しかったスーパーマーケットが立っていた。また、幼児の足でも片道五分とかからない目と鼻の先に《弘善湯》という銭湯があり、家族に連れられてよく通った。

銭湯はたいがい混んでいて、いつ見ても煙突から煙をたなびかせていた。都営下馬アパートは広大な敷地面積と明治三〇（一八九七）年以来の歴史を誇った駒沢練兵場の跡地に造られたマンモス団地で、あの頃は全六二七戸がきっちり埋まっており、しかも住人はみんな家族持ちだったのだ。そしてほとんどの部屋に風呂がなかった。

幼稚園の年長になったばかりの五月のある夜、母と三つ年下の妹と三人で銭湯に行った帰途、道沿いに植えられていた柳の葉を叩いて遊びながら歩いていて、ふと気づくと独りぼっちになっていた。妹が泣くかおしっこを漏らすか何かしたので、母は私のことを忘れて急いで帰ってしまったようだった。

慌てて団地の方へ駆けだそうとしたそのとき、後ろから名前を呼ばれた。

「あきちゃん」

——私の名前ではない。しかし声は矢のように私の背中に突き刺さった。

おそるおそる振り向くと、すぐそこに凄まじく傷んだ平屋の木造家屋があり、玄関の前に女とも男ともつかない真っ黒な人影が佇《たたず》んでいた。

「あきちゃん、あきちゃん……」

団地の入口にある街灯の明かりが届いているので、建物の玄関に漢字をつらねた看板が掛かっているのは、読めはしないがはっきり見えた。

それなのに、その人物だけが墨汁で塗りつぶされでもしたかのように全身が黒いというか、暗い。

そいつが私目がけて一歩、足を踏みだした。

——私は逃げた。後ろから「あきちゃあん」と声が追ってきて、涙がどっと溢れてきた。悲鳴をあげることも忘れ、無言で街灯の下を駆け抜け、五階建ての四角い建物が両脇に並ぶ中を走った。

団地特有の無機質な景色が、あんなに怖かったことはない。どの窓にも明かりが灯っているが、どれが私のうちだか咄嗟《とっさ》に見分けがつかなかったのだ。

それでもなんとか二号棟の出入口にたどりつき、階段を三階まで駆けのぼると、うちの玄関が開いて母が飛び出してきた。

しかし安堵したのも束の間、母は私の顔を見るなりこう叫んだ。

「あきちゃん！」

不可思議な想い出をたどって都営下馬アパートを訪ねたのはついこの前のことだ。

黒い人影に遭遇した平屋の建物は現存していた。

五歳のときには読めなかった看板の文字は《東京世田谷韓國会館》。

ここは第二次大戦中は野砲兵第一聯隊《れんたい》の兵舎だったのだという。

軍事施設が多い界隈だったから、昭和二〇年（一九四五年）五月二五日の山手大空襲では集中的に爆撃を受けて焼け野原になったそうだ。けれども、この野砲兵第一聯隊の兵舎は、奇跡的に無傷で残って今に至る。

……それにしても「あきちゃん」て誰だろう?

母に訊ねても、そんな呼び間違えはしたことがないし、「あきちゃん」なんて知らないと言うばかりなのである。

人ならぬもの

一九八九年八月一〇日の夕方から実名報道がされるようになった《東京・埼玉連続幼女誘拐殺人事件》のせいで、当時四歳の小池千沙さんは外で遊ばせてもらえなくなった。

千沙さんは憶えていないのだが、三歳の頃に、団地の出入口の辺りでひとりで遊んでいたら男がそばに来て「アメをあげるから」と誘われて手を繋いだ直後、母が駆けつけて無事に済んだということがあった。

そして、その翌年に連続幼女誘拐殺人事件が発覚したところ、住んでいた公営団地が件《くだん》の事件の埼玉県の事件発生現場に近いことがわかった。千沙さんの両親は震えあがり、ことに父は日頃の溺愛ぶりの裏返しで娘の外遊びを厳しく禁じたのだった。

犯人はすでに逮捕されているのだから安心だと考えるほど、親の愛情というものは合理的に出来ていない。ああいう殺人鬼が実在することがこれで証明された。家の外は危険地帯だ、自宅軟禁も致し方ない、と、千沙さんの父は必死になってしまったのであろう。ちょっと極端だが気持ちはわかる。

元気な子どもだった千沙さんを退屈させないために、母は〃かくれんぼ〃に励んだ。生後数ヶ月の赤ん坊がいたから楽なことではなかったはず。もっとも、千沙さんの妹がまだ赤ん坊だったから、千沙さんを連れて外出するのが困難だったわけである。

2LDKの部屋で、ベランダがあった。妹はよく眠る赤ん坊で、眠りに落ちると千沙さんと母の〃かくれんぼ〃が始まる。

そのときは、千沙さんが鬼だった。まだ夏が終わっておらず、母は白地にグレーの太い横縞が入ったTシャツを着ていた。

千沙さんは一所懸命に灰色のシマシマを探し歩いた。リビングダイニングキッチンの他には洋室が二間と、あとは浴室、トイレ、玄関しかないのに、どこにもいない……。

——あっ、きっとおかあさんはベランダに隠れたんだ！

そう思いついた千沙さんはベランダに出てみた。しかし母の姿は見当たらなかった。でも物置があった。〃掃除用具入れ〃としてよく売られている、高さ一八〇センチ、幅九〇センチ、奥行き五〇センチほどのスチールロッカーで、観音開きの扉が付いていた。

千沙さんは母がいることを期待しながら両手で扉を大きく開いた。だが、中にはホースやデッキブラシやその他雑多なものが詰まっているだけだった。

そこで部屋の方を振り返って「おかあさぁん」と呼んだ。いい加減、出てきてほしかった。

それから扉を閉めるために再び物置の方を向いた。

すると、物置の天井に女が貼りついていた。

身体の背面をピタリと天井につけており、長い黒髪が千沙さんの顔の高さまで垂れ下がっていた。髪に半ば隠れた顔は血の気が感じられず酷く青ざめていたが、若い女だということはわかった。袖なしの白いワンピースのようなものを着ている。

女は初め床の方を向いて目を見開いていたが、千沙さんが見つめていたら、ふいに、ギュッと首を動かしてこっちを振り向いた。

目が合った！

反射的に千沙さんは扉を閉めた。閉めたら、物置はシーンとして、何も変わったところは見受けられなかった。そこで恐る恐る再び開けたところ、女は消えていた。

このときようやく、母がベランダに出てきた。

「どうしたの？」

「そこに女の人がいたの」

「物置に？　誰もいないよ？」

「いたんだよ！　天井にピタッとくっついて、こっちを見たの！」

母は信じてくれなかったようだった。

「はいはい。妹ちゃん、まだスヤスヤ眠ってるけど、かくれんぼの続きをする？」

その夜、仕事から帰ってきた父にも物置の女のことを話したが、父も信じたようすがなく、

「そんなところに知らない女の人がいたら、変だろ？」と、笑っただけだった。

千沙さんは悔しかった。本当にいたのに……。嘘を吐《つ》いたわけでも、何かを見間違ったわけでもないことを証明したいと思った。

しかし次第に怖くなってきた。大人が天井に貼りつけるほど、大きな物置ではないのである。理屈に合わない気がした。幼いなりに不思議だと思い、恐れはじめたわけである。

だけどやっぱり悔しい。勇気を出すのに何日か掛かってしまったが、ついに意を決して、女がいるかどうか確認するために千沙さんは再び物置を開けたのである。

そうしたら、女が今度は立っていて、千沙さんを見るなり、捕まえようとするかのように両手を前に伸ばしてきた。

驚いて扉を閉めた。閉めると、この前と同じで、物置は何ら不審な点はない普通の物置なのだった。でも、とにかく、やっぱりいたことは明らかになったと千沙さんは思い、「知らない人がうちにいるのはダメでしょう？」と、夜、帰宅した父に話した。

父はすぐに見に行こうとした。千沙さんは父の後ろにくっついて、一緒にベランダに出た。真っ直ぐ物置に近づくと、父は迷わず扉を開けた。小さかった千沙さんは父のお尻に視界を遮られて、中を見ることは出来なかった。

ともあれ、父は黙って、すぐに物置の扉を閉めた。女がいたともいなかったとも、千沙さんにも母にも言わなかった。そして翌日になると南京錠を買ってきて、物置の扉に取り付けた。南京錠の鍵は父の鍵箱にしまわれて、「鍵箱には子どもは触ってはいけない」と両親に戒められていたから、その後、千沙さんは物置の扉を開けてみることが出来なくなった。

河童

鈴木真里菜さんの家では毎年お盆の時期になると、愛知県南設楽《したら》郡鳳来《ほうらい》町（当時）にあった母方の祖父母の家に一泊二日で遊びに行く習慣だった。母の実家の生業は、古くは杣《そま》、今なら林業従事者ということになろうか。真里菜さんが子どもの頃には〝きこり〟と言っていた。〝きこり〟の他に畑作も少しやっている、そういう家で、周囲は奥深い山。森林にすっかり囲まれていたが、門の前には砂利を敷いた坂道があり、これが外界へと続いていた。

この砂利道はハイキングコースとして知られており、比較的安全だったので、真里菜さんと四つ年下の弟がここを散歩することは家族から黙認されていた。

轍に草が生えた砂利道を上るうちに、やがて視界が緑で埋め尽くされる。さらに森に分け入って行くと渓流に辿りついた。幼児でも水遊びできるような水深の浅い、綺麗な沢だった。

九歳の夏、五歳の弟と沢を目指して森の中を歩いていると、全身が緑色をした人のようなものが樹々の間から目の前に現れた。

全裸で、頭に毛が一本も生えておらず、耳朶《みみたぶ》がなかった。皮膚は冴えた緑色で光沢があり、真里菜さんは咄嗟に薬局でお馴染みの〝ケロちゃん人形〟を想い起こした。足の爪先は、シュノーケリングなどのときに履くフィンの格好をしていた。

背丈は、自分より高く、母よりも低い。たぶん一五〇センチほどだ。

一瞬の後、それは木立《こだち》を縫って素早く消えた。姿が見えなくなった途端、弟が泣き声を弾けさせた。真里菜さんは沢遊びを断念し、弟を連れて祖父母の家に引き返すことにした。


この体験談を聴いて、私は真里菜さんの祖父母の家や件の沢の辺りを調べた。するとその付近に命名の経緯が不詳な《河童淵》が存在することがわかった。これはインターネット上の地図でも捕捉できた――ちなみに二〇〇五年に町村合併が行われ、鳳来町があった地域は愛知県新城市《しんしろ》の一部になっている。

さらに面白いことに、愛知県には河童の伝承もあった。国際日本文化研究センターの《怪異・妖怪伝承データベース》をあたったところ、『旅と伝説』に収録された中田千畝の「河童の妙薬」にその記述があるという。残念ながら岩崎美術社の『旅と伝説』は古書店でも入手困難で、さらに「河童の妙薬」は江戸時代中期の国学者谷川士清《ことすが》の『倭訓栞《わくんのしおり》』の記述を基にしているようだが同書は全九三巻……。原本を探すのをあきらめた次第だが、名古屋市西区の老瀬川《おいせがわ》（笈瀬川）で河童が力自慢の男に懲らしめられたという伝説があることは確か。新城市は名古屋市の東側で西区とはだいぶ離れているけれど、河童っぽいものはこちらにもいたようで。いや、頭に毛だけでなく皿も無かったようなので、別の何かかもしれないが。

御瀧不動尊

森村知子さんは四歳のとき保育園のバス遠足で千葉県船橋市の御滝《おたき》公園と御瀧不動尊を訪れた。御滝公園は御瀧不動尊に隣接する公園で、園内にロープウェイ、木製のアスレチック設備の他、ブランコや滑り台といった幼児向けの遊具がある。

それにまた、御瀧不動尊の方にも、幼い子どもたちにとっても見所となる、鯉が泳ぎ亀が遊ぶ弁天池があり、運が良ければ境内に棲《す》む鹿にも遭えるのだ。

幼い知子さんの目には四角い石組みで囲まれた池は、皇居あたりのお堀のように映った。その〝お堀〟のそばで、こないだ五月の御節句のときに見たばかりの武者人形にそっくりな格好をした男の人に遊んでもらった――というのが知子さんの記憶だった。

しかし中学二年生のときに、たまたま当時の保育士さんと再会したところ、この記憶には若干の誤認とその後の続きがあった。

その人は、御滝公園と御瀧不動尊のバス遠足に行ったときの担任の先生だったが、保育士はとうに辞めて、今は夫の代々の家業である八百屋を手伝っているとのこと。知子さんはその八百屋の前を偶然通りかかり、

「知子ちゃん？　知子ちゃんでしょう！　大きくなって！」

と、元先生から声を掛けられたのだった。

そして、「よくわかりましたね！」から始まって、立ち話ではあったが、会話が弾んだ。

やがてバス遠足の折の出来事が話題に上ったところ、まず、知子さんが〝お堀〟と思い込んでいたのが弁天池だったことがわかった。次に、保育園の先生の視点では、知子さんは最初、池のほとりの石灯籠に話しかけていたということも……。

とても楽しそうに石灯籠とお喋りしていたのだが、どうやらそれが、知子さんの中では〝武者人形そっくりな格好の人に遊んでもらった〟ということになっていたようなのだ。

「それまでみんなと遊んでいたのに、誰かに呼ばれたように池の方へ駆けていって石灯籠とお喋りしはじめて……」

「あっ、思い出した！　鎧武者みたいな人が、おいでおいでってしたんだよ！　だから走って行ったんだ」

「ああ、鎧武者、ね」と元先生も思い当たることがあるような口ぶりだったが、すぐに言葉

を継いで「あのとき知子ちゃんは石灯籠のそばにしゃがんで、誰かそこにいるかのようにニコニコして受け答えしはじめて、何のゴッコ遊びかしら、微笑ましいなぁと思いつつも、池に落ちたら危ないと気がついて。そこで、こっちに連れてくるために、そばに行って、知子ちゃんの脇に手を入れて立たせようとしたの。そうしたらずっしりと重かったのよ！　四歳の子とは思えないほど重くて驚いた。でも、どうにか立ちあがらせて手を繋いだら……ちょっと引いてもビクともしない。そのとき私の目にも視えたのよ……」

「何が？」

「落ち武者が！　落ち武者は目にも留まらぬ早業で刀を抜いて私の手首に斬りつけた！　だけど、きっと軽く脅すつもりだったんでしょう。でなきゃ手が斬り落とされてたはず。凄い切れ味でね……こう、スパッと綺麗に皮膚が切れて、血が滲んできた。私は思わず傷を押さえて……すると落ち武者が知子ちゃんの手を摑《つか》んで、心の中に引き摺り込もうとするじゃない！　だから私はまた慌てて知子ちゃんを池の中で〝もしかしてお子さんがいた方ですか？　でも、この子はあなたの子ではありません！〟と言ったら、パッと落ち武者の姿が消えたの」

元先生は、刀で斬られた傷については、「カマイタチにやられました」と同僚に報告したそうだ。他の園児や先生方も目の届く範囲にいたけれど、落ち武者を視た者は自分の他には誰もいないようだったという。

真言宗豊山派の寺院、御瀧山金蔵寺は、御瀧不動尊の名で広く親しまれている。吉橋大師八十八ヶ所巡りの第五八番目札所であり、名の由来となった〝竜頭の滝〟は水行の場として知られ、創建以来約六〇〇年、ここで水垢離《みずごり》を取って霊験功徳を求める参拝客が絶えない。

落ち武者と御瀧不動尊の関わりについては、何もわからなかった。

ただ、この寺院が創建された一四二三年の頃は、室町幕府と鎌倉公方の諍《いさか》いに上杉氏が加わって始まる戦国時代になだれ込んでゆく前兆の時代で、現在の千葉県船橋市に相当する地域の戦国武将たちもすでに盛んに勢力争いをしていたことが推測される。船橋市には、保存されている遺構は少ないが、いくつかの古城跡があり、その中には御瀧不動尊と同じ町内にある金杉城跡や隣の高根町にある高根城跡も……と、言っても、それが知子さんと保育士さんが遭遇した落ち武者と結びつくと決まったわけではないのだけれど。

最後に、御瀧不動尊創建の縁起を簡単に紹介しておきたい。

昔々、今、この寺の境内がある辺りは、大地が絶えず眩《まばゆ》い光を放ち、夜も明るく輝きつづけたので村人から畏《おそ》れられていた。一四二三年（応永三〇年）の正月、旅の高僧がここを訪れて怪しみ、密教の秘法を用いて不動明王を祀《まつ》り護摩《ごま》を焚いて二一日間に亘る祈禱《きとう》を行ったところ、高僧の夢に入唐八家の名僧で慈覚大師として知られる円仁《えんにん》が顕現して「私が心を籠めて刻んだ不動尊がこの地に埋まっている」と告げた。そこでただちに光る土地を掘ってみると、夢告げのとおりに円仁作と記された木像が出てきたうえに、そこから清らかな水が湧いて滝を成した――。

この水は今もなお、滾々《こんこん》と湧き出ているそうだ。

ナメクジの王様

玉井美緒さんは一九八八年生まれとのことだが、子ども時代の過ごし方が一九六七年生まれの私が埼玉や八王子の山や川で送ったそれとよく似ている。

インタビューのとき美緒さんが「私は茨城の田舎で育ちました」と強調していらしたのは、世間一般がイメージする九〇年代の子どもの暮らしとご自身の体験に差異があるからだろう。

無論のこと、彼女が置かれていたのと類似の牧歌的な環境で育つお子さんは、今現在も、日本のどこかにいることと思う。

美緒さんの父方の一族は代々その山麓に暮らしており、界隈の住人の約半数が美緒さんと同じ苗字（※）で、遠近はさまざまだが血族か姻族にあたった。稲作が盛んな地域で、水を張った田に映る青空、緑の、あるいは金色の稲が集落を彩る。奥深い山に囲まれたこのささやかな平野部では、江戸や明治の昔から、あまり変わらない景色が保たれていた。

美緒さんの家は集落の中でも周縁にあり、いちばん近い隣家からも約五〇〇メートル離れて建っていた。美緒さんの言葉を借りるなら「陸の孤島」。家の前は子どもの目には果てがないように思えた水田の海原で、裏庭は端が山裾に呑み込まれていた。

柵で囲う必要のない立地であるが故、この家の庭と山の間には目で見える境界線が存在しなかったのだ。そもそも庭にしても玄関のある方を表庭、反対側を裏庭と呼んでいるにすぎず、山の方から湧き水が流れて小川を成し、裏庭から家の横を通って表庭の小さな池に流れ込んでいたのだから、山と庭とが完全に繋がっているのだった。

ここに、父方の祖父母、両親、子ども時代の姉と美緒さんが住んでいた。美緒さん姉妹は双子で、中学校進学に時期を合わせて祖父母をここに残し家族四人で転居したのだ――田舎で暮らしていたけれど、父は建設業を営んでおり、美緒さんの母は娘たちにお洒落な子ども服ブランド〝シャーリーテンプル〟の服を着させて上質なスニーカーを履かせていた――そんなところに、いつかはこの地を離れていく運命だったことが感じ取れるような気がする。

〝シャーリーテンプル〟のフリルのスカートを穿いていても、美緒さんたち双子姉妹は果敢に野山を探検し、湧き水の川や池でザリガニやカエルを獲って遊んだ。

美緒さんたちが四歳のときのこと。

春の昼下がり、いつものように二人で遊んでいると、山と裏庭のあるかなきかの境い目辺りにある木の切り株の上に、不思議な生き物がいるのを見つけた。

形はナメクジにそっくりだ。ずんぐりした紡錘形の体軀《たいく》。特有の粘っこい照り。しかし猫よりも大きい。体長が五〇センチ以上ある。それだけではない。その巨大なナメクジの周りを普通のナメクジが崇め奉る雰囲気で輪になって囲んでいるのだ。その数、一〇〇匹前後。姉妹は揃って息を呑んだ。一瞬凍りついた後に同時に「気持ち悪っ！」と叫んで家に駆けこむと、台所にいた母に報告した。

「こぉんな大きなナメクジが切り株にいて！　きっとあれはナメクジの王様だよね！」

「うん、小さいナメクジがたくさん、そっちを向いて囲んでた！　あれは家来だよ！」

双子の美緒さんたちがいっぺんに喋ったから何を言っているのか、母にはよくわからなかったのかもしれない。「はい、はい」とニコニコしているだけなのだ。

そこで二人は母を切り株のところまで引っ張っていったが、もうナメクジの王様も家来たちも何処かへ去ったあとだった。

その後、小学校に上がると、低学年の登下校班が姉妹の仲間になった。小学校までは片道四キロ、徒歩一時間の距離があった。五、六人で学校から同じ方角に帰るのだが、森林に沿って通学路があったので、子どもらが森に足を踏み入れるのは必然だったと言えよう。

美緒さんたちは獣道や涸《か》れた小川、そこに架かった丸太橋を〝発見〟し、さらに朽ちかけた祠《ほこら》を見つけた。祠の高さは一メートルほどで、扉がついていたが、なんとなく怖い気がしたので開けなかった。祠から少し離れて墓地もあった。墓石は苔生《こけむ》し、墓地全体が森林に侵食された廃墓地で、夏には格好の肝試し会場になった。

その頃、テレビ番組で〝ツチノコ〟というものを知って、美緒さんたち姉妹は、あれはナメクジの王様ではなくてツチノコだったかもしれないと思うようになったそうだ。

ひとりで見たなら何かの見間違いだと思うところだが、姉もこのことをつぶさに憶えているので、大人になってからも二人で話題に上らせることがあるという。「もしかしたらあれはツチノコ」「そうでなければナメクジの王様だったのかも」と。

ちなみに茨城県はツチノコと縁が無いわけではなく、二〇〇八年四月九日付アメーバニュースの記事によれば、同県土浦市は〝ツチノコ捕獲スポット〟として専門家の間で注目を浴びているとか。「一般的にツチノコの目撃情報が多い山林以外にも、街中での目撃情報が多いのが特徴です」（ミリオン出版『UMA未知生物衝撃映像』担当編集者談）。

――個人的には、同じ〝実話系〟であるにしても、ツチノコより、妖精のような双子姉妹が清らかな泉水が流れる春の庭でナメクジの王様に遭ったという幻想譚的な話の方が好みなわけだが、ツチノコだった可能性がゼロではない以上、物書きの良心として一応触れておく。

※この稿の苗字〝玉井〟は仮名です。

キューピッドの合唱

一九七〇年代にコックリさんが少年少女の間で大流行すると、「まれに精神が錯乱する者が出る」「似非《えせ》宗教的で教育上よろしくない」などの理由から一種の社会問題になった。実際にニュースになるほど大きな事件は、一九八五年に静岡県で、一九八九年に福岡県で、それぞれ一件ずつ起きただけだったが、七〇年代のうちから小中学校で禁止する動きが出はじめ、するとコックリさんと入れ替わるようにキューピッドさんが登場した。

麻薬の代わりに脱法ドラッグを嗜《たしな》むかのごとく、ほぼ同じことをするけれど、コックリさんじゃないからやってもいいという屁理屈で、子どもたちはキューピッドさんを楽しむようになったのである。

キューピッドさんには、エンゼル様やキラキラ様という後続の亜種もあるそうだが、一九六七年生まれの私が少女時代に遊んだのはキューピッドさんまでだった。

一九七三年生まれの比嘉雅子さんは中学二年生の頃、キューピッドさんにハマっていたそうだ。雅子さんは当時、沖縄県那覇市内の公立中学校に通っており、キューピッドさんを一緒にする友だちは全員、同じ中学の仲間だった。前の学年のときから仲の良い男子や二年生に進級して親しくなった女子など、合わせて4人でしょっちゅうつるんでいたのである。

その日は、亜熱帯気候の沖縄でもようやく冷房が要らなくなった秋の土曜日だった。午後、仲良し四人組のうちの一人、金城くんの家に集まって、キューピッドさんをした。家と言っても古い集合住宅の一室で、金城くんの両親も在宅していたから、必然的に雅子さんたちは子ども部屋に籠ることになった。

畳敷きの六畳間の真ん中に卓袱台《ちゃぶだい》が置かれており、金城くんはいつもそこで勉強しているという話だった。

みんなで卓袱台を囲んでキューピッドさんを始めると、やがて、卓袱台の真上の照明器具から垂れさがっているスイッチの紐が動いていることに、誰からともなく気がついた。紐の先についた白いプラスチックの玉が空中に円を描いて回っていた。四人は息を吞んでしばらく見守ったが、クルクルクルクル、旋回運動が止む気配がない。軽やかに回りつづけている。

窓は閉まっており、エアコンも扇風機も点いていない。部屋の襖《ふすま》も閉めてあるから、風が入るはずもない。もちろん誰も紐に触っていない。触ったとしても、いつまでも回りつづけるのはおかしい。

雅子さんたちは〝来た〟と思った。

何がって、キューピッドさんが。

果たして、「キューピッドさん、電気の紐を回しているのはあなたですか？」と質問すると、鉛筆が（コックリさんなら一〇円玉だが、キューピッドさんでは鉛筆を使うことが多い）滑らかに《YES》まで動いた。

雅子さんたちは興奮して、矢継ぎ早にキューピッドさんに質問を浴びせかけた。回転する紐の下で、一三歳や一四歳にとっては大事だが後になってみれば他愛ない問題についてせっせと訊ねていたところ、今度は奇妙な音が聞こえはじめた。

かつては、深夜、テレビ番組が終了した後に、画面に白黒の砂嵐が映し出され、ザーッという ノイズが流れた。この〝テレビの砂嵐〟は二〇一二年にアナログ放送が停波すると共に消滅したけれど、当時の雅子さんたちには馴染みのある音だった。

ちょうどあんな音が聞こえてきたのだ。

しかし、金城くんの部屋にはテレビが無かった。

「ラジカセが鳴っとんようだ。でも電源が入っていらんのに」

金城くんがそう言って、部屋の隅から黒いラジカセを持ってきて卓袱台の隅に置いた。たしかに電源は入っていない。しかしラジオが点いていて、ザーッと鳴っている。

二つ目の不思議が顕現したことに一同、沸き立った。

「周波数合わせとぅし、ちゃんと聞こえるんやあらんかや？　何メガヘルツか訊いてみよい！」

そこでキューピッドさんに質問すると、鉛筆がスルスルと滑って、とある数字が示された。

その数字に周波数を合わせてみたところ、ラジカセから砂嵐に代わって微かな歌声が流れ出した。

伴奏は無く、アカペラで独唱している。

キリスト教の教会で歌われる聖歌のような節回しだが、歌詞は聴き取れない。

しばらくすると、声が増えた。二人でコーラスしている……と思ったら。

「あれ？　また増えたん！　あい、また！　ばんない人数が増えていくよ！」

みるみる声は膨らんで厚みを増し、ついには、大聖堂に一〇〇人以上も集まって一斉に歌っているとしか思えない、荘厳な大合唱になった。

「讃美歌かなぁ？　わからんしが、ちゅらだやぁ」

たしかに美しい歌である。音質はクリアで、音量も充分だ。たぶん、隣の部屋にいる金城くんの両親の耳にも届いているはずだと雅子さんは思った。

「うちぬ親はラジオっし音楽かけとんと思うはずやさ」と金城くんが呟いた。

電気の紐はまだ回っていた。合唱も止まない。

もう質問することもなかった。雅子さんたちはキューピッドさんをお終いにした。コックリさんでは鳥居だが、キューピッドさんではハートマークにお帰りいただいて終了とする。

ところが、キューピッドさんがハートに戻っても、合唱と紐の回転は続いた。

怖がってしかるべきなのだろうか。しかし合唱が素晴らしいせいか、怖い感じはせず、ひたすら不思議なだけだったという。

「くぬ歌は、キューピッドさまぬ置き土産だろうか？」

「歌詞がわからん。外国語ぬようだや」

それから一時間以上も皆で聴き惚れていたが、四時頃になると、そろそろお開きにすることになり、雅子さんたちは家に帰った。

後で金城くんに聞いたところでは、みんなが帰ると合唱のボリュームが下がってきて、ほどなく、聞こえなくなったそうだ。そのときには紐の運動も終わっていた。

「また聴きぶさんと思ってん、二度と鳴らんたん。電源入れてん駄目やくと、あぬときだけぬものやったんだ」

沖縄県那覇市は第二次大戦中の一九四四年一〇月一〇日に米軍の空襲を受け、旧那覇市街の九〇パーセントが焼失した。

このとき那覇市内にあったキリスト教の教会建築物も被害を受け、有名なところでは、日本基督教団首里教会（旧・メソジスト首里教会）があげられる。

戦時体制下ではキリスト教は敵性宗教であるとされ、沖縄においても教会はさまざまな弾圧を受けたが、信仰の灯が絶えることはなく、首里教会は幾度もの補修や復元工事を経て、二〇一六年に創立一一〇周年を迎えた。

……が、本稿を綴るにあたって、私は、金城くんの住んでいた集合住宅のあたりにかつてキリスト教の聖堂があったという事実を発掘することはできなかった。

ちなみに、ご存じの方が多いと思うが、キューピッドはキリスト教の神の御使いである天使とは異なる。ローマ神話の恋の神なのだ。

聖歌や讃美歌のような合唱だったからといって、キリスト教関係とは限らない。

雅子さんや金城くんの年頃を考慮すれば、あるいは恋の歌だった可能性も……。

謎は謎のまま、この逸話を終えるとしよう。

学校奇譚

戸童を、ひとところにそんなに集めて、無事に済むとお思いでしたか。
ここは《巫女禁猟区》です。サワルナキケン。
と、放送室で生徒怪鳥が鳴いています。
飛び下り当番は、円形校舎跡の螺旋階段へお急ぎください。
体育館の舞台には神隠しに遭った元生徒が、
三階のトイレには花子さんが、
出席しています。
次は残念なお知らせです。登下校班は隧道《すいどう》と辻で消息を絶ちました。
こんどの修学旅行は黄泉平坂《よもつ》へ。桃をお忘れなく。
うしみつどきの部活動は校則で禁止されています。
学校は匣《はこ》。少女も匣。女子の蓋を開けるのはやめましょう。

階段の花子さん

倉持美和さんは一九九三年に広島県の海沿いの町で生まれた。一一歳上の兄と五歳上の姉がいる三人きょうだいの末っ子で、両親は共働き。通っていた公立小学校は創立一〇〇周年で、二度目か三度目に建て替えられた鉄筋コンクリートの校舎はまたそろそろリフォームの必要がありそうな具合だったが、学区内でいちばんの人気校で、生徒数が多かった。

兄と姉は、比較的新しく出来た別の公立小学校に行っていたが、その学校には苛《いじ》めなどがあり、風紀が芳しくなかった。ただし、いわゆる〝学校の怪談〟の類《たぐい》は無かった。

一方、美和さんの学校は明るい雰囲気で苛めはなかったけれど、いわゆる〝トイレの花子さん〟が棲んでいるという噂があった。

ここの花子さんは、いつもは校舎の最上階である四階の女子トイレにいるとされていた。

――昇降口に近い方の階段の、三階と四階の間の踊り場で立ち止まり、四階の方に向かって「花子さぁん」と呼ぶ。すると花子さんが「はーい」と返事をして、トイレを出て廊下を走り、階段を駆け下りて追いかけてくる。捕まったら命を取られるから、そっちの階段を使うときは気をつけなければいけない。花子さんを呼ばないとしても、そちらを上り下りするときは、三階と四階の間の踊り場では立ち止まらない方がいい――。

美和さんが小学校に入学するとすぐに、近所のおねえさんが教えてくれた。おねえさんとは幼稚園の頃から顔馴染みだったが、同じ小学校の上級生だったと知り、美和さんは真剣に話を聞いて花子さんのルールを頭に叩き込んだ。

しかし次第にわかってきたのだが、問題の階段は、基本的には職員や来客用のものとされており、生徒は使わないように指導されていたのだった。階段は他に二つもあったから問題なかった。

例外は三階にある図書室を利用するとき。この学校の校舎は上から見ると「ト」のような格好をしており、件の階段は「ト」の出っ張っている部分用の階段で、ここの三階に図書室があるのだ。だから図書室に行くときに限り生徒もこの階段を使っていいことになっていたが、低学年や中学年のうちは教室が一階から三階の間にあるので、問題の踊り場を通る気づかいはなかった。

入学した当初は花子さんのことが怖かった。しかし時が経つにつれ、怖さが目減りしていった。みんなもそうで、二年生にもなると、たまにわざわざこの階段まで出向いていって花子さんゴッコに興じるようになった。例の踊り場から二、三人で声を揃えて花子さんを呼び、四階に隠れている花子さん役の子が「はーい」と返事をすると、「きゃー」とみんなで逃げるという……。

高学年になった頃には何がそんなに面白かったのかわからなくなったが、低学年の頃はこれで大はしゃぎだった。原則使用禁止の階段で遊ぶこと自体が愉快だったのかもしれない。やがて美和さんは本を読むのが大好きになった。読書の面白さに目覚め、図書室へ通ううちに花子さんの怖さはますます遠ざかった。高学年になると四階の教室へ移る。図書室の行き帰りに禁じられた階段を通ることになるので、いちいち怯えるのも馬鹿らしくなったのだ。

六年生の二学期が終盤に入った一一月の頃のこと。

放課後、四階の教室にランドセルを置いて、友だち二人と連れだって三階の図書室へ行った。つい長居してしまい、図書室が閉まる時刻となって、追い出されるように廊下へ出て、三人一緒にランドセルを取りに教室へ戻りかけた。

あの階段に差し掛かると「呼んでみようか?」と、友だちが言った。

「え?　花子さんを?」と、もうひとりが応えてニヤニヤと笑った。

美和さんも笑った。低学年の子の遊びだけれど、もう校舎に残っている生徒は自分たちだけみたいだった。先生方もみんな帰ってしまったようで、ひとりも見かけない。幼稚なふざけ合いっこをしたからといって、目撃者がいなければ恥の掻きようもないわけである。

「じゃ、私が花子になる」と、さっきニヤニヤした子が申し出て、トントンと階段を上って、四階の壁の陰に隠れた。

そこで美和さんともうひとりとで、踊り場から声を張り上げた。

「花子さぁん！」

「はぁい」

——少し舌足らずな、可愛らしい、幼い声が、四階の方から返事をした。

ギョッとして踊り場から見上げる美和さんたちの前に、花子さん役を買って出た友だちが現れてブンブンと首を振り、「私じゃない！」と、青ざめた。

言い出しっぺが声もあげずに真っ先に階段を駆け下りていき、美和さんと花子さん役が「待って！」と後を追いかけた。

三人で校舎を飛び出し、校門まで一気に走った。

「どうしよう。ランドセル置いてきてしもうた」

「花子さん、追いかけてきとらん？」

おっかなびっくり校舎を振り返ったけれど、誰も出てくる気配はなかった。しばらくして、三人で団子になって教室へ行き、ランドセルを取ってきて下校したけれど、そのとき花子さんの階段を使わなかったことは言うまでもない。

この小学校には花子さん以外にも怖い言い伝えがあった。

校舎は四階建てなのだが、「ト」の出っ張り部分だけ五階らしきものがあり、そこもなぜか生徒は原則立ち入り禁止と定められていた。

しかし多くの生徒が怖いもの見たさで、覗きに行った。

美和さんも見にいったことがある。

五階には、階段の踊り場と同じ広さの空間があるだけだった。屋上などに出られるわけでもなく、ただ、高いところに明かり取りの窓が開いていた。天井が高く、壁ばかり、やけに広く感じられた。

——そっと壁に触れると、結露していたようで、指先が濡れた。

この壁の中に引き摺り込まれた生徒がいると噂されていた。

たしかに不気味な場所だった。いったい何のためのスペースかわからないし、なぜ生徒は立ち入り禁止なのか説明されたことがなかったので、もしかすると今までに本当に壁に呑み込まれてしまった生徒がいたのかもしれない……と、想像が膨らんだ。

壁に消えた生徒たちは異次元に飛ばされてしまったのだ。そういう話も当時は聞いたが、そんなこともあるかもしれないと信じてしまうほど厭な雰囲気で、ゾッとした、という。

足が消える

諸説あるが、俗に言う〝オカルトブーム〟は一九七三年に五島勉の『ノストラダムスの大予言』（祥伝社）がベストセラーになったことを皮切りにして、日本テレビ放送〝お昼のワイドショー〟の定期特集コーナー《あなたの知らない世界》や矢追純一の《木曜スペシャル》、中岡俊哉の『恐怖の心霊写真集』（二見書房）シリーズなど、メディアを横断しながら日本全国を席巻した。

前項の〝トイレの花子さん〟はオカルトブームから派生して広く定着していった代表的な都市伝説で、八〇年代頃には花子さんを知らない小学生は日本にはいない、というほど、特に子どもたちの間で有名になった。

だが、ルーツは江戸時代に始まった厠神《かわやがみ》信仰にあるという説もあり、原型は五〇年代にはすでに流布されていて、噂そのものはもっと昔からあったのだという。

それがなぜオカルトブーム以降、小学生に認知されるようになっていったかというと、これもまた定説は存在しないものの、〝学級文庫〟の力に依《よ》るところが大きいというのは、よく聞く意見だ。

オカルトブームは児童書にも及び、小学生を対象とした関連の読み物やムック本が多く出版された。その傾向はブームの波が去っても止むことなく、低調になりながらも今日まで続いている――子どもたちの〝怖いもの見たさ〟にオカルト系の本はピタリと適《かな》うからだろう。

ちなみに九〇年代は〝学校の怪談〟が小学生の間で一大ブームとなった。一九九〇年に講談社から発売された民俗学者・常光徹による小説『学校の怪談』はシリーズ化され、同名の映画やテレビアニメ、テレビドラマが次々に制作された。常光徹は『学校の怪談　口承文芸の展開と諸相』（ミネルヴァ書房）といった学術書の著作が幾つもある民俗学博士であり、読みやすい語り口と楢《なら》喜八による魅力的（で不気味）な挿画の力によって、仄暗い民俗の扉を子どもたちに向けて開いたのは高く評価されるべきことだ、と、私は思う。

さて、枕詞はこれぐらいにして……「人ならぬもの」の千沙さんに再びご登場いただこう。千沙さんが小学校に入学したのは一九九二年。ドラマや映画に進出したのは九四年頃からだが、『学校の怪談』の流行はすでに始まっていた。

小池千沙さんが小学三年生のとき、『学校の怪談』の一巻と二巻をクラスのみんなが奪い合うようにして読んでいた。千沙さんも、もちろん読んだ。小学校によっては怖い言い伝えや噂があったり、本当にオバケがいたりするかもしれないのだ。そう思うとワクワクした。

「うちの学校にも、何かないかな？」

ある日、千沙さんは友だちにそう訊ねてみた。すると友だちは「あるよ」と応えて、こんな話をした。

――校舎の三階から二階に降りる階段の踊り場に大きな鏡があるでしょう？　三階から降りていくと、真正面に自分の姿が映るよね？　階段の真ん中より少し下の辺りまで来たときに鏡を見ると、なぜか脚が映っていない！　鏡の中で脚が消えるんだよ――。


ところで千沙さんの母は手芸が得意だった。だから千沙さんも編み物やお裁縫が上手になりたくて、小学校のクラブ活動では手芸クラブに入っていた。

小学五年生のとき、手芸クラブでは五月頃から半年かけてひとつの作品を完成させることになっていた。秋の文化祭で展示するのが目標だ。

千沙さんはかぎ針編みでマフラーを作ることにした。母に手芸店に連れていってもらって一緒に毛糸を選んだ。蜜柑みたいなオレンジ色で、素敵なマフラーになるという予感がした。

ところがなかなか難しかった。それと、夏の暑い盛りには、毛糸を触る気がしない日も正直なことを言うと多かった。

二学期が始まり、どんどん日が過ぎていった。

そして、ついに文化祭が目前に迫った……が、千沙さんはマフラーを三分の一も編めていなかった！

その日もクラブ活動で続きを編んでいた。けれども、焦ったせいで、編み目を一段、飛ばして編んでしまっていたことに、終わり頃になって気がついた。今日、編んだところは全部やり直しだ。泣きたい気持ちで毛糸をほどいていると、クラブ顧問の先生が部員に告げた。

「今日のクラブ活動はお終いです。戸締まりするから、皆さん、もう帰りなさい」

「ええ？　待ってください！」

千沙さんは間違って編んでしまったところをようやっとほどき終わったところ。しかし周りの子たちは全員、もう後片づけも済ませていた。

「千沙ちゃん、私たち、先に帰るよぉ」と言って、みんな家庭科室を出ていってしまった。

「やだぁ。ああ、もう、どうしよう……」

ますます焦るばかりだ。するとそこへ顧問の先生がやってきて、千沙さんの手から編みかけのマフラーを取り上げると、毛糸の端を上手に留めてくれた。

「これで大丈夫。次はそこからまた編みはじめなさい。ほら、早く帰って！」

「ありがとうございました！」

時刻は五時くらいになっていた。校内はしんと静まり返っている。

ランドセルと手芸クラブの道具入れを持って早足で歩くと、カタカタカタカタ、道具入れの中身が立てる音が誰もいない廊下にやけに響いた。空気もひんやりとしている。

手芸部が部活をしている家庭科室は三階にあった。三階から階段を下りかけて、踊り場まであと四段を残した辺りで、ふと何の気なしに正面を向いたら、真ん前の鏡に映った自分に脚が無かった。

あるのは太腿の付け根から上だけで、両脚があるべきところに、階段の段々が映っている。

震えながら、トン、と、一段、階段を下りたら、太腿の上の方が現れた。

また一段下りると、膝の上まで……。と、下りる度に脚が映りはじめて、踊り場に着いたときには全身どこも欠けることなく映るようになっていた。

怖くてたまらず、一気に昇降口まで駆けていった。ここまで来る間に、生徒も先生もひとりも見かけなかった。昇降口や校庭には誰かいるだろうと思ったのに、誰もいない……。

お腹が締めつけられたように苦しくなって、気づけば、まだ脚が震えていた。

振り向きもせず、無我夢中で家に逃げ帰った。

翌日、学校で仲の良い友だち二人に、昨日の出来事を打ち明けた。

すると、みんなで試してみようということになり、昼休みにその階段を三人並んで下りてみたけれど、誰の足も消えなかった。

蜜柑色のマフラーは、結局、最後は母に編んでもらって、文化祭に間に合わせた。

春の小川

佐藤淑恵さんには、一九八一年の四月に揃って小学六年生に進級した真弓さんという大の仲良しがいた。〝リカちゃん人形〟で遊んでいた低学年の頃から友だちではあったが、去年あたりから急接近して、無二の親友と呼べるほど親しくなったのだ。

その理由は〝聖子ちゃん〟と〝たのきんトリオ〟。八〇年の四月に歌手デビューした松田聖子と、二人が小学四年生の頃から見ていたテレビドラマ「3年B組金八先生」の生徒役だった田原俊彦、近藤真彦、野村義男からなるアイドルグループに、二人とも夢中で、話が合ったのである。ちなみに淑恵さんも真弓さんもたのきんトリオでは田原俊彦ことトシちゃんが好きだった。これは非常に重要なことだった。マッチ（近藤真彦）派やヨッちゃん（野村義男）派とは盛りあがれない。同じアイドルが好きな者同士だからいいのだ。

淑恵さんと真弓さんは、しょっちゅう互いの家を行き来するようになった。

淑恵さんの家と真弓さんの家は徒歩で片道二〇分ほど離れていた。二人の家の間には南武線が横たわっていて〝子どもトンネル〟を通る道が最短ルートなのだった。

南武線を地下で潜る通称〝子どもトンネル〟は、天井高が一メートル四〇センチしかなく、児童用通学路に指定されていた。しかし実際には、南武線をまたぐ使いやすいルートがこの付近では他に見当たらなかったことから、大人の利用者も多かった。ここの天井は白い樹脂製の波板を被せただけの代物で、電車が通過する際の轟音も凄まじかったのだが、変わった地下通路として町の名物になっているようでもあった。変わった地下通路として町の名物になっているようでもあった。

白い樹脂製の波板を天井にしたのは、近隣の小学生が登下校する日中の便を考えてのことだったはずだ。太陽光を透過する素材なので、昼間の照明が不要となる。と、言ってもそれなりに薄暗かった。また、こういう素材だから仕方がないのだろうが、かなり傷んで、ところどころ欠けていた。通路から天井を見あげると天井の穴や隙間から空が覗いていた。

真弓さんは一年生のときから登下校の度にこの地下通路を歩いていたが、淑恵さんの家は学校と同じ線路の南側にあったので普段は通る必要がなかった。

そのため、放課後、真弓さんの家を訪ねるときは、淑恵さんが玄関にランドセルを置く間だけ家の前で真弓さんに少し待ってもらうか、家に帰らずに学校から直接、真弓さんと一緒に地下通路を通って行った。

最初は地下通路を歩いても、別段、何とも思わなかった。ところが、あるとき真弓さんが「前に大雨が降ったときに、近所のおじさんが登戸行きか立川行きの電車に撥《は》ねられて、天井の穴から落ちて、ここで死んだんだよ」

と、言ったので、そこを通るのが怖くなってしまった。

行きはそれでもまだ良かった。外はまだ明るいし、人通りも多い。それに、なんと言っても真弓さんがそばにいるので心強い。

帰り道はひとりぼっちで通ることになるから厭だった。時間に余裕があるときは、ここを通らずに済むように、わざわざ遠まわりして帰るようになった。

けれども、真弓さんとの会話に夢中になりすぎて、つい帰るのが遅くなってしまうときがあった。遠まわりしたら習い事に遅刻してしまう、あるいは、夕食の時間に間に合わない。

そこで仕方なく地下通路を通るわけだが、遊びすぎて遅くなっただわけだから、当然、辺りはすでに暗いのだ。地下通路の出入口がぽっかりと口を開いて待ち構えている。

そういうとき、淑恵さんは両手で耳をふさぎ、大声で《春の小川》を歌いながら、一気に通路を駆け抜けることにしていた。

——しかし、とうとうこんなことが起きてしまった。

冬のある日、夕方の五時をだいぶ過ぎてから、ひとりで地下通路を通るはめになった。

暗い外から階段を下りて地下通路に入ると、壁面の照明器具が点灯していたけれど、なんだか妙に薄暗く感じた。いつにも増して不気味である。

淑恵さんは覚悟を固め、両手で耳を塞いで《春の小川》を歌いながら走りだそうとした。

「春の小川はさらさら……」

と、そのとき、ちょうど頭上の線路を電車が通過した。

すると、耳を掌で塞いでいるのに、轟音に混じって怪しい声が聞こえてきた。

「ウウゥ……ウググググ……ウーン……ウーン……ウグァア……」

呻くとも唸るともつかない、苦悶する男性の声だ。電車に撥ねられてこの通路で亡くなった人の声なんじゃないかと思いつくと、血塗《ちまみ》れで倒れている姿が頭に浮かんだ。その人が、今も自分の足もとでのたうちまわって苦しんでいるかのような気さえしてきた。

なぜって、耳を塞ぎ、歌声を張りあげていても、その声がすぐ耳もとで聞こえたのだ。

「……行くよ！　岸のすみれやれんげの花に……！」

気を取り直して歌の続きを大声で叫びながら、必死で走り抜けた。

それからは二度とその通路を通らなかった。


神奈川県川崎市の武蔵小杉駅付近にあった通称〝子どもトンネル〟は、二〇〇九年一〇月二〇日に閉鎖された。現在は天井高が充分にありエレベーターも備えつけられた新しい人道地下通路が開通している。

十字路より

秋田の一〇月は冷える。月の半ばを過ぎたら、最低気温が一〇度を割り込んだまま戻らなくなる。黄昏どきになると吐く息が白い。里を囲む山にはまだ紅葉が残っているけれど、頂上の方では早くも落葉が始まっていて黒く見える。

三浦久美子さんと幼馴染の陽子さんは、肩を並べて黙々と畦道《あぜみち》を歩いていた。

「もうさびいね」

「ん。ジャージ穿いだぐらいじゃ足んね」

やがて十字路の一本杉が見えてきた。十字路を突っ切って直進すると久美子さんの家に、辻を左へ折れると陽子さんの家に着く。久美子さんと陽子さんはこの辺でいちばん家が近い同い年の女の子同士で、物心ついたときにはもう一緒に遊んでいた。幼稚園も小学校も同じで、お祭など地域の催しでも顔を合わせるからきょうだいのように久美子さんは思っていた。

中学校の登下校も必ず二人一組で、登校のときはあの杉の木の下で合流し、下校のときはあそこで別れる。

空に突き刺さりそうに高い一本の杉の木は遠くからでも、よく目に付いた。

この辺りでは、道沿いにポツリポツリと民家が建っている。あとは田畑と山。典型的な東北地方の里山の景色が広がっている。

「じゃあね、久美子」

「うん。陽子、また明日ね」

十字路で幼馴染に手を振って、久美子さんは再び真っ直ぐな道を歩きはじめた。もう自分の家が視界に入っている。祖父母が神道を嫌ったせいで地鎮祭をやらなかった家が。

両親が建てた家に父方の祖父母が同居しているのだけれど、祖父母は神社嫌いで、信心深い母と事あるごとにぶつかる。

一本杉から五〇メートルも離れただろうか。急に後ろの方から「久美子」と呼びかけられたような気がして「はい」と返事をしつつ振り返った。

杉の木陰に人影が佇んでいた。黒っぽい。自分たちが着ている制服は濃紺のブレザーにスカートだから。

「陽子!　なぁに？」

陽子が十字路まで引き返してきたのかと思ったのだ……が。

「何って何？　久美子！」

十字路から四〇メートル以上離れた家の前から、陽子が訊き返した。

「えっ？」

慌てて十字路の方を振り向くと、そこにはもう誰もいなかった。

――久美子さんは、このときを境に、それまで感じたことがなかった霊の存在を察知するようになってしまった。

久美子さんによると、彼女の母方の祖母には巫女がかった霊力が備わっており、母の郷里にある龍神様の祠は、この祖母がお告げを受けたことがきっかけで建てられたのだという。

久美子さんの母もよく勘が的中するたちで少しだけ霊感があるそうなので、霊力はすでに遺伝しており、十字路で怪異に遭遇したことで、眠っていた因子が活動を開始したような印象を受ける。

彼女の霊感は徐々に力を増し、やがて日常的に不可思議な出来事に遭遇するようになっていった次第だが、その中でも想い出に残る出来事をいくつか語っていただいた。


夏の登山キャンプでのこと。

久美子さんたちの中学校では、登山キャンプが毎年恒例だった。夏休み直前に全校生徒が初心者向けの体験登山をして、山麓のキャンプ場に一泊するのだ。キャンプ場にはロッジが何棟かあり、女子と男子で棟を分けて泊まる。

中学三年生の登山キャンプのとき、就寝時刻を少し過ぎた頃、トイレの方から悲鳴があがった。悲鳴に続いて、金切り声で何か叫んでいるのが聞こえてきたので、隣に寝ていた陽子さんと一緒に飛んでいったところ、トイレの出入口から長さ三〇センチほどの紡錘形をした靄《もや》の塊が漂いだすのを目撃した。

細長い雲のミニチュア版のような……と、目でそれを追っているのは、久美子さんだけだった。陽子さんにも、他の野次馬たちにも見えていないようだ。

白い靄の塊は、細く尾を引きながら上っていって、天井に吸い込まれてしまった。外に出ていったのだろう、と、久美子さんは思った。

トイレの前で手を取り合っている二人組の下級生が、悲鳴や金切声の主だった。

「何があったの?」と久美子さんが訊ねると、二人は交互に説明しだした。

「二人でトイレさ来だら、個室の方がら泣ぎ声聞ごえでだがら、ああ、誰が隠れで泣いでら、今、入ったら気まずい思いさせてしまうで、二人でいったん外さ出だんだ」

「んだども、よぐ考えだら、全員それぞれの部屋さ入って寝る準備してただべ? 私だち以外、みんな部屋にいるで思ってだ。でもトイレではまだ誰が泣いでらし」

「んだんて、さっとそごがら中さ入って個室の方さ声どご掛げでみだの」

「誰だが……って訊いでがら、わっ、個室さ鍵掛がってねと気づいで……」

「そのどぎは、まだ泣ぎ声がしてだのに！」

「個室のドアどご開げだら誰もいながった！」

ウヮァと二人でまた抱き合って恐ろしがっている。久美子さんは、あの靄の塊が泣いていたのだろうと考えた。

数時間後――隣の蒲団から伸びてきた腕がドンと胸に乗ってきて目が覚めた。陽子ときたら寝相が悪すぎる。と、呆れながら、腕を手で払いのけて寝直そうとした。すると今度は、脚がドンと脚に、そして間を置かず再び胸に何かが乗った。

「こら、陽子……」

起こしてやめさせようと思って隣の蒲団の方を振り向くと、陽子さんの穏やかな寝顔と、自分の身体の上に蹲《うずくま》る黒い人影が同時に視界に飛び込んできた。

中学二年生のときに十字路で黒い人影に名前を呼ばれて返事をしてから、霊的な存在を敏感に感じるようになり、次第にはっきりと視えるようになってきていた。

つまり、この時点ですでに久美子さんは、この程度の霊現象には慣れており、眠りを妨げられた苛立ちの方が恐怖に勝った。

――許さないよ！

怒りの念を黒いものに送ったら、焦ったような気配が伝わってきた。久美子さんのことを恐れながら、それは唐突に消えた。

この体験で久美子さんはある種の自信をつけた。強い態度で臨めば、霊に勝てると思うようになったのだ。

中学三年生の冬には、こんな出来事があった。

その頃、久美子さんの父はダム建設作業現場で働くために単身赴任していた。父は締固《しめかた》め用機械の運転資格を取得しており、大型建築物の現場に呼ばれることもあった。工事内容によっては数ヶ月、家を空けることになる。

今回は年末近くにならないと帰れないと聞かされていた。父が帰宅する日まであと数日を残すのみ、というときに、深夜、玄関で物音がした。

久美子さんはこのときはまだ目を覚ましていて、ベッドで漫画を読んでいた。

――もう帰ってきた？

父が予定より早く帰ってきたことは、これまでにも二度ほどあった。久美子さんは父がこの部屋に来ることを期待して起きて待つことにした。

夜遅く帰宅すると父はいつも決まって久美子さんの部屋を覗き、ちょっと言葉を交わしてから、夫婦の寝室に行くのである。

どっちの部屋も二階にあり、階段を上がって正面が久美子さんの部屋、上がって右に行くと空き部屋をひとつ挟んで、父と母の寝室という配置になっていた。

思ったとおり、足音が階段を上がってくる。

ところが自分の部屋に立ち寄らずに、廊下を右へ曲がっていくではないか。

そこで久美子さんは、後ろから脅かしてやろうと思いついて、足音を忍ばせて廊下に出てみた。すると隣の空き部屋の扉が開いていた。

――こんたとごろでおとうさん、何どごしてらんだべ。

訝しく思って空き部屋を覗くと、薄暗がりに一対の脛《すね》と素足が見えた。裸足《はだし》で佇んでいるのだ。ただし、膝から上がスーッと闇に溶け込むように消えていた。

いかな霊現象慣れしている久美子さんにとっても、これは怖かった。黙って部屋に逃げ帰り、蒲団を被って寝てしまった。

しかし翌朝、母に話したら、こともなげにこう言った。

「昨夜《ゆうべ》、じっちゃが来たがら」

昨夜、訪ねてきたのは、とうの昔に亡くなった母方の祖父、母にとっての父だというのだ。

「何があるど、じっちゃが報せでくれるんだ」

父が作業中の事故に巻き込まれて、運転していたロードローラー車ごと斜面を転げ落ちたのは、その二日後のことだった。

「普通だったら死んでらどごろだって。左手の親指潰しただげで済んだのはえが、この病院の看護師は包帯の巻き方がなってでね。ほら、こんただ。雑すぎやしねが？」

入院したと聞いて病院に駆けつけたら、父は存外に元気で、すぐに退院し、そのまま正月まで家にいた。単身赴任を早めに切り上げたようなことになった。


その後、久美子さんは公立高校に進学した。

秋田内陸縦貫鉄道で片道三〇分かけて通学することになった。家から最寄り駅までの通学路の途中に墓地があり、そばを通りかかるたびにそちらから視線を感じた。墓所の中から誰かが久美子さんを見つめているのだった。

亡者たちに見られていると思うと、いい気分ではなかった。

下校の際には、ことさら厭な感じを受けた。特に冬になると。

この辺りは冬は午後三時半を過ぎれば早くも黄昏れてくるのだ。日が沈むと亡者が騒ぎだす。

しかし、通学するうちに彼の世の者たちから関心を向けられることにも慣れてきた。

三学期の期末試験期間中、午後早く下校した折には、ここの近くでこんなものも視た。

一面の雪景色の只中に、薄汚れた白いタンクトップと半ズボンというなりで佇んでいる六、七歳の少年がいた。タンクトップの胸に名札のようなものを縫いつけている。

——今どき、あんた格好の子ども、たどえ夏だっていやしねぇ。

雪で明るんでいるところに、生きた人のように立っていた。坊主頭で、綺麗な顔をして、肌の色も普通の子どもと変わらない。

けれども、通りすぎざまに振り向いて横から見直したら、男の子がいたところは白い雪ばかりで、足跡すらなかった。


高校二年生の一学期の終わり頃に、家で飼っていた雑種犬を散歩させがてら山菜採りをしていて、転んで足首を挫いてしまった。腫れてきたので高校のそばの病院で診てもらうと、捻挫だと言われ、しばらく通院することになった。

総合病院だったから厭な予感がしたのだが、案の定、診てもらいに行くたびに霊の存在を感じて、病院を出るときには身体が重たく感じる。しかも、毎晩、ときには一晩に五、六回も、金縛りに遭うようになり、慢性的な寝不足に陥ってしまった。

このままでは捻挫が治る前に病気になりそうな気がして、久美子さんは母に相談した。すると母は心あたりがあると言って、知人に紹介された霊能者に予約を入れてくれた。

ところが、久美子さんは霊能者と聞いた途端になぜか胸騒ぎがしはじめて、会いたくないと思った。

しかし母は強引で、結局、押し切られて連れていかれたのだった。

行ってみると、霊能者の家は御殿のようでも神社のようでもない、ごく標準的な二階建ての住宅であった。しかし久美子さんには、その何の変哲もない家の中から計り知れない強大な力が発散されていることが感じ取れたので、すっかり怖気づいてしまった。

「おかあさん、私、行ぎだぐねぁ」

「ごごまで来でそうはいがね。しっかりしなさい」

ひとりで仕事をしている人のようで、霊能者は自ら二人を出迎えた。

第一印象は「洋服を着たおばあちゃん」。ただし久美子さんは、彼女が強い霊力の持ち主であることがはっきりと視てとれた。畏《おそ》れるあまり最初はひと言も口がきけず、久美子さんの代わりに母が喋った。

二〇畳はありそうな広い和室に母と一緒に通された。座敷の奥に祭壇が祀られており、掛け物は中央が大日如来、向かって右に弘法大師、左に不動明王——真言密教系の霊能力者なのだろうか、と、母の影響で、歳に似合わずこの種の知識を蓄えていた久美子さんはひそかに考えた。

やがて霊視が始まった。長い数珠《じゅず》をたぐりながら「南無大師遍照金剛《なむだいしへんじょうこんごう》……」と、霊能者が真言を唱えたり、手刀を切ったりしはじめると、久美子さんは金縛りにかかったかのように正座したまま身動きが取れなくなった。

「臨《りん》、兵《ぴょう》、闘《とう》、者《しゃ》、皆《かい》、陣《じん》、烈《れつ》、在《ざい》、前《ぜん》……おん、きりきり……おん、きりきり……おん、きりうん、きゃくうん……天《てん》、元《げん》、行《ぎょう》、躰《たい》、神《しん》、変《ぺん》、神《じん》、通《つう》、力《りき》……」

——久美子さんは非常に長い時間が経ったと感じていたが、実際には三〇分も掛からず霊能者は呪法を終えていたようだ。金剛鈴《こんごうれい》が鳴らされ、小さな錫杖《しゃくじょう》で背中を撫でられると、緊張していた身体が柔らかく解《ほど》けて、雲間から陽が差したかのように気持ちが明るくなった。

そして舌も滑らかに動くようになり、十字路の一本杉のところで黒い影に名前を呼ばれたことから始まって、今までのさまざまな神秘体験を洗いざらい告白した。

霊能者は静かに耳を傾けていたが、久美子さんの話が途切れると、おもむろに診立《みた》てを述べた。

「辻さ立ってだ黒い影さ名前どご呼ばれたどきに、返事したがら、取り憑がれたんだね。それ以降さ稲荷ど水子もどごかで拾って憑依されでだ。黒い影はその辺りに住んでた普通のおばさんだ。あだは真言覚えねばならねぇ。霊さ憑かれやしぃから、真言の力得で精神どご強ぐする必要があります。また何があったら、おいでなせ」

その夜はとてもよく眠れた。翌朝、起きて鏡を見たら、顔つきが変わっていたので驚いた。目が倍の大きさになっていたのだ！　それまでは俗に言う〝狐目〟で、目が細かった。

稲荷が落ちたからだろうか……。

明らかに体調が良くなり、家族との仲も良くなった——十字路のとき以来、両親や祖父母と衝突することが多くなっていたのだ。反抗期だからだと家族も久美子さん自身も思い込んでいたけれど、違ったのかもしれない……。

しかし、お祓いを受けてから三日後、また変なことが起きた。

夕食の最中に激しい眠気に襲われて、リビングで倒れ込むように眠り込んでしまったのである。母が起こそうとしていることが意識ではわかったが、声も出ないし目も開かない。痺れを切らした母にパチンとお尻を叩かれると、ギャアギャアと泣きはじめたが、久美子さん自身が泣いているのではなく、自分の身体を使って、別の誰かが泣いていると感じた。

そのとき胎児のイメージが頭に浮かんだ。

憑いていた水子だ、と、閃《ひらめ》いた久美子さんは母に「抱きしめてほしい」と頼んだ。母は迷わず、久美子さんを両腕でしっかりと抱きしめた。

すると水子の霊が満足したのか、久美子さんはスッと何かが身体から離れていくのがわかった。同時に身体の自由を取り戻した。

久美子さんは二〇歳になるまで、時折、あの霊能者のもとを訪れた。霊を拾ってしまったと思うたびに相談し、助言を受けていたのであるが、そのうち他人に憑依している霊が視えるようになった。視るときは自分の額に第三の目が開いて頭の中に像を結ぶように感じ、視たくないときは第三の目を閉じればいいとわかり、生きることがだいぶ楽になったそうだ。

鐘の音、水の音

山形県の高橋末里さんは幼い頃、自転車屋を営んでいる祖父母と夜は同じ部屋で寝ていた。小学一、二年生の頃のこと。

ある日の明け方、その部屋の縁側の方からお寺の鐘のような音が聞こえて目が覚めてしまったので、祖父母に話したが、気のせいだと笑われた。

しかし、次の日もゴーンゴーンと鐘の音がする。

そしてまた何日かして、ゴーンゴーン……。

滋味のある優しい音色だから厭ではないのだが、三回も自分だけに聞こえたとなると、不思議でたまらなくなってきた。

音の源を探して明け方の縁側に這い出てみたが、縁側の上にも庭にもそれらしきものは見当たらない。しかも、耳を澄ますと鐘は縁側の下から響いてくるようである。

屈んで縁側の下を覗き込むと、雪かきの道具が入っているだけだった。音が鳴るようなものはなく、自分くらいの子どもでも這い込めるかどうか……というほど狭い。猫なら出入り自由だろうが、こんなところでお寺の鐘など撞《つ》けるわけがなかった。

しかし、逆さまになった未里さんの耳にはまだ鐘の音が届いていた。

縁側の下で打ち鳴らされている。

ゴーン、ゴーン、と。

未里さんが通う山形県内の公立小学校は、当時〝マンモス校〟と呼ばれた生徒数のたいへん多い学校だった。未里さんは一九七四年生まれなので、八一年に小学校に入学した次第だ。

低学年の頃までは、すでに使われていない木造の旧校舎が学校の敷地内にあり、同じ年代に建てられたと思しき板壁の体育館はまだ使用されていた。

体育館も相当、老朽化していた。これと校舎とが屋根つきの渡り廊下で繋がっていたが、校舎は真新しい鉄筋コンクリートの建物だったから、不釣り合いなことこのうえなかった。

渡り廊下を通って体育館に入ると、上手の舞台袖に出た。下手の方には倉庫の出入口があった。

渡り廊下の出入口側から、舞台の中が覗けた。側面の板が一部、剝がれたまま放置されていたのだ。人が出入りできるほど大きな穴ではないが、ちょうど低学年の子どもたちが覗き込みやすい位置に開いていた。床から七〇センチぐらいの高さのところに、三、四人並んで覗き込めるような、横に長い穴だ。

昼休みに体育館で鬼ごっこやかくれんぼをして遊んでいたら、三人ばかり、この穴のところに頭を並べて中を覗いている。「私も入れて」と、未里さんは駆け寄った。

端を詰めてもらって未里さんも覗き込む……と、白いピンポン玉のようなものが浮かんでいた。柔らかく滲むような光を放ち、ゆっくり左右に揺れている。

動くたびに、残像のようで、よく見るとそうじゃない、尾のようなものがスウッと現れては消え、現れては消え……。

これでは、まるで人魂だ……。

「わあっ！　逃げろぉ！」

誰かがそう叫んで、未里さんも他のみんなも一旦は逃げた。しかしそのせいで新たに好奇心旺盛なのが集まってきて、さっきの倍の人数で穴を覗き込みはじめた。

「……なんにもいねよ？」

ひとりが白けた表情で穴から離れながら言った。他の子たちも興味を失って、体育館に散っていった。「行ぐべよ。なんにもいねんだがら」

そんなはずはない、と、思って未里さんは再び舞台の穴を覗き込んだ。

でも、もう白いものは見えず、中は真っ暗だった。

その木造の体育館と、体育館の出入口の外に別棟で建っていた古いトイレには、オバケが棲んでいると言い伝えられていた。

体育館には女の幽霊がいて、トイレには〝赤マント〟という怪人が出るのだそうだ。

トイレは三角屋根を冠した小屋のような外観が古めかしく、室内は陰気で臭かった上に、男女に分かれていない両用トイレで、和式便所の個室と小便器が同じスペースにあったので、余程のことがないと生徒は誰も使いたがらなかった。


未里さんが小学三年生のとき、木造体育館と廃屋になっていた旧校舎が取り壊されて整地され、新しい体育館が竣工した。

ちょうどその頃、よく晴れた一〇月のある日の放課後のことで、未里さんたちは校庭で木登りをしたり、雲梯《てい》や鉄棒、一輪車で遊んだりしていたが、やがて四時をだいぶ過ぎて、子どもたちがまばらになった。

未里さんもそろそろ帰ることにした。しかし、その前にトイレを済ませておこうと思い、一緒に下校する友だちに「ちょっと待ってて」と言い置いて、校舎へいったん戻った。

校舎の昇降口からいちばん近いのは、保健室の向かい側にあるトイレだ。けれどもそこに入りかけると、厭な気配に首根っこを掴まれた。

それにまた、保健室の先生が戻ってきたら「まだ残ってだのが！」と叱られそうな気もした。そこで保健室の前を通りすぎて、廊下の奥の方にある、理科室の前のトイレに入った。

このトイレは、理科室の標本が怖いから、いつもは使わないのだ。

昇降口からここまで、誰も見かけなかった。もうみんな帰ってしまったのだと思った。

ところが、個室で用を足していたら、他の個室からレバーを押して便器に水を流す音が聞こえてきた。

——誰か後から来たんだな。

しかしトイレを出たら他の個室はどれも扉が開いていて、誰も入っていなかった。

水洗の音の直後なのに！

廊下に飛び出したけれど、長い廊下にも人っ子ひとり見当たらない。

そこでトイレに戻ってみたら、その途端に、真ん中の個室から水が流れる音がした。

大急ぎで手を洗って、校庭で待っている仲間たちのところに逃げ戻った。

そして、今遭ったことを話すと、そこにいた何人かのうち二人が興味を持った。

「行ってみる！」

「見てみたい！」

仕方なく、未里さんは二人を連れて、また理科室の前のトイレに引き返した。

最初は何事も起こらなかった。友だちはがっかりして、未里さんを責めた。

「何にもねだべ！　見間違いだよ！」

その瞬間、ジャーーッとさっきと同じ真ん中の個室から水洗の音がした。

「えっ」「わっ」「ひゃっ」

思わず三人揃って声をあげてしまった。

すると、さっき未里さんが使った個室のトイレもジャーーッと流れた。

三人とも悲鳴をあげて一目散に逃げ出した。

憑依体質

前項の高橋未里さんは一九九〇年に山形県内の私立高校に進学した。現在は男女共学になったそうだが、当時そこは女子高だった。

ちょうどその頃、祖父母が経営していた自転車屋を畳むと同時に、両親が母屋を増築したので、二階の部屋を貰えることになった。

高校の入学式から間もない頃、深夜、突然目が覚めて、なんとなく寝返りを打って顔を壁の方へ向けたところ、握り拳ほどの大きさの赤い球が壁の中から現れた。

とても鮮やかな赤い色をして、グシャグシャにもつれあった毛糸のようなテクスチャーをした球である。

それが、床から一五〇センチぐらいの高さを緩慢な速さで平行移動して、最後は反対側の壁に吸い込まれて消えた。

末里さんは一部始終を寝たまま目で追っていたが、球が見えなくなると我に返って、今のは何だったのか、と、不思議に感じた。

それに、よく考えてみたら、寝る前に部屋を真っ暗にしていたのだった。灯りはひとつも点いていない。雨戸も閉めている。

どうして〝鮮やかな赤い色〟が見分けられたのか、謎だった。


末里さんが通うことになった私立の女子校は、大正時代に女の子に裁縫を教える私塾を開いたことから始まったという、歴史のある学校だ。相応に校舎も古く、長年のうちには七不思議めいた伝説も蓄積されていた。

一九六二年に当時の理事長が設計したという六階建ての円形校舎があり、その螺旋階段の四階から飛び降り自殺した生徒がいた、と、生徒から生徒へ代々、言い伝えられていた。

螺旋階段の下にある染みは飛び降りた生徒の遺体の跡で、何度ペンキを塗り直しても最期の姿が浮かび上がるのだ……と。

螺旋階段の途中から下を望むと、一階の床が円形に切り取られて見え、その中央付近の色がなんだか周りより濃いような気がしてくるのだった。

また、弓道場に雑多な悪い霊が集まってきているという噂も耳にした。

未里さんは一年生のとき弓道部に入部したのだが、同じ学年の麻子さんがこんなことを教えてくれたのである。

「弓道場の建ってるこの土地が良ぐねす、神棚の造りも悪い。んだがら神棚さ向がって、いろんなものが飛んでぎでるんだ」

この麻子さんという子は、霊感が強く、そのことを隠そうとしていなかった。幼い頃から奇妙な体験を度々してきた未里さんは、麻子さんとすぐに親しくなった。

それから間もないあるとき、弓道部の部活で一年生だけで居残り練習をさせられた。未里さんと麻子さんも他の一年部員と一緒に練習していたのだが、何の前触れもなしに、突然、未里さんは呼吸がしづらくなった。

息を深く吸い込もうとすると胸がつかえて呼吸が止まりそうになる。速くて浅い呼吸を繰り返しながらパニックを起こして、倒れてしまった。

「未里！」

麻子さんが駆けつけて、未里さんの頭の上を一瞬、鋭く睨みつけたかと思うと、、エイッと気合を入れて肩を叩いた。いきなり叩かれて未里さんは驚いたが、途端に呼吸が楽になった。

「もう出すたがら大丈夫だよ」

未里さんはこのとき、麻子さんが自分の中から何を叩き出したのか、訊かなくてもわかるような気がした。漠然と、それはいつかの赤い球に繋がっていくように思われた。あれはこれから起こることとの予兆だったのではないか……。

――麻子さんは「もう大丈夫」と言ってくれたが、残念なことに全然大丈夫ではなかった。弓道場でパニックを起こしてからというもの、未里さんは頻繁に息苦しくなり、呼吸が浅く、頭がボーッとして苦しくなるようになってしまった。

医学的には、これは過換気《かかんき》症候群というものだ。

過呼吸の症状が現れるが、過換気症候群は精神的な不安や緊張などによって引き起こされるもので、一〇代や二〇代の若者は比較的、発症しやすいとされている。

ただ、未里さんの場合は、この症状が始まると同時に映像が頭に浮かんでくるようになった。弓道場のときはそんなことは起きなかったが、その後は過呼吸発作を起こすと必ず、不思議な映像が頭の中に流れてきた。

あるときは、刀で斬られた頸の左側から血がとめどなく流れていて、左手の感覚が失われたような感じがした。このときは、戦国時代の武者から見たような合戦場の光景も見えた。

またあるときは、イメージの中では、未里さんはオートバイのライダーとして事故に遭い、ヘルメットが外れて頭が半分潰れていた。激しい頭痛がして右目が見えず、半身が動かない。発作のさなかでも、それが疑似体験だという意識はあった。また、疑似体験をすると同時に、亡くなった人の最期の状況が客観的な映像で視えていた。

イメージの鮮明さは、死者の残留思念の強弱に左右されるようだ……ということにも思い至った。そうであれば、情報量が多いときと少ないときがあることの説明がつくからだ。

こうした末里さんの過呼吸の発作と誰かの死の疑似体験は、毎回、麻子さんや、そばにいた友だちの「どうすたの！」と驚いたり気遣ったりする言葉で収まったが、ハッと気づくと涙を流して泣いているので、いつもきまりが悪い思いをした。

「最近、身体の調子悪いべ？　ヤバイよ。抱えきれね数を抱えでっす。鏡で視てごらん」

末里さんは、麻子さんにそう言われて少しびっくりした。「体調が悪いから今日は部活を休む」と話そうとしていた矢先だったのだ。

麻子さんは厳しい表情で末里さんを見つめていた。

「階段の踊り場にあべ。あそこの鏡でねど、映すきれねど思う」

そこは壁一面が鏡になっている。麻子さんに手を引かれて踊り場に行き、鏡の方を向いて立った。隣に麻子さんが並んで、鏡の中の末里さんから三〇センチ以上上の空間を指差した。

「頭の上だよ。視てごらん」

そこで末里さんが鏡に映っている自分の頭の上の方を見たら、セピア色をした老若男女の顔がポコポコと現れはじめた。

啞然としているうちに十数個も現れて、やがてそれぞれの顔が前面に迫ってきて、鏡の表面から飛び出してきそうな気配を見せた。

「ヤバい！」と、麻子さんが叫んで未里さんの手を引っ張って鏡から引き離した。

そのまま教室に駆け戻ると、未里さんの肩に手を置いて、

「未里は霊に身体を乗っ取られんべどすてっから、塩をお風呂さ入れて頑張りな。あだな霊は空の器をだねてるんだがら、意識をすっかり保づようにね」

と、真剣に説いた。

その日の夜から、未里さんは両親に黙って風呂に塩を入れるようになった。


過呼吸発作を頻発するようになっても、未里さんは弓道が好きだった。夏休みの部活合宿も楽しみにしていた。

しかし合宿所となる武道館に足を踏み入れた途端に、厭な雰囲気を察知した——これはいつもの過呼吸と最期の疑似体験の前兆だ、と、もうこの頃になると未里さんは悟らざるを得なかった。今までの経験から推して、間違いない。

聞けば、この武道館は古城の跡に建てられたのだという。中世以前の城は遺構も残っていない場合が多く、跡地に建物があることが多い。戦国武将が討ち死にしたのは遠すぎる過去の話で、誰もそんなことは気にしないものだ。しかし未里さんは気にする以前に……。

夜、武道館の宿泊所で自由時間に数人でお喋りに興じていたら、突然、怒濤の如く憤怒し

た男の感情が末里さんの頭に流れ込んできた。

顔つきが変わり、部屋にあった二段ベッドの梯子《はしご》を揺すって怒りを発散させだしたので、仲間に取り押さえられた。数人がかりで床に押さえつけられても、末里さんは自分の意思ではなすすべもなく、唸ったり暴れたりしつづけた。

しかしその間も自分の意識は存在しており、麻子さんが「憑依されてんだ」と他の子たちに説明しているのが聞こえた。

「あなたは誰ですか？　何かすてほすいごどありますか？」

ところが、麻子さんにそう問われると、自分ではない何者か――怒り狂った男の霊――が、

「水が欲すい。西の方さ、水を置いてくれ」

と、答えるのだった。

末里さんの口を使って誰かが頼んだのだ。麻子さんと仲間たちはそれに応えて、コップに水を汲み、西側の窓辺に供えた。

そして最後に麻子さんは末里さんの両肩に手を置くと、目を合わせて毅然として命じた。

「では、お休みください」

途端に末里さんは意識を失い、翌朝まで目を覚まさなかった。

麻子さんは、この合宿所での出来事を深刻に受け留めたようだった。

「隣のクラスの佐々木さんは、霊視とお祓いができるんだって。視てもらうべよ」

誰から聞いてきたのか、佐々木さんにお祓いをしてもらうようにと勧める。

未里さんは麻子さんに説得されて、佐々木さんの家を訪ねた。麻子さんも付き添った。

会うとすぐに、まだ何も未里さんが言わないうちから、佐々木さんは「憑依体質だね」と指摘した。そしてその場で、数珠と真言で未里さんのお祓いをしてくれた。

祓われている最中は、数珠で身体を撫でられるのが不快で苛々したが、終わってみたら心身共に非常にスッキリしたので驚いた。


三学期から、未里さんは部活を辞めた。弓道場に行かなくなったせいか、それからは学校で憑依されることが少し減った。

その後、過呼吸の発作や突然流れ込んでくる奇怪なイメージに襲われることが少しずつ間遠になっていき、二五歳くらいで完全に消えた。

未里さんは今、四五歳。

「歳を取って心にゆとりがある今は、浮遊霊たちに、私のところで少し休んでいきなさいと声をかけて宿木《やどりぎ》になってあげてもいいような気がするのだけれど」

インタビューの最後に、こうおっしゃっていた。山形弁は、ほんの微かなイントネーションに名残を留《とど》めるのみだった。

末里さんの祖父母の自転車屋や小学校の木造校舎と体育館も、このたび綴った体験談の中で失われていったけれど、彼女が通っていた高校の円形校舎も、執筆にあたって調べてみたところ、二〇一七年に解体されていたことがわかった。

今日は楽しかったか？

兵庫県出身の加藤舞子さんは物心ついたときから、窓も開けていないのにカーテンが繰り返し翻ったり、地震ではないのに棚の物がガタガタと揺れたりといったいわゆる騒霊現象を頻繁に体験していた。日中の活動時間よりも、夜や朝方、蒲団に入っているときに目撃することが多かったという。

また、小学一年生のときには、家族と節分の豆まきをしていて、「鬼は外！」と豆を外に投げるために自分の部屋の窓を開けたところ、直径一メートルほどの白い球体が飛び込んできて、ふわりふわりと心許ない動きで部屋を一周して再び窓から出ていくという出来事が起きた。その二年後、小学三年生のときにも同じ現象が起き、そしてまた六年生のときにも……と、節分の日になると、ほぼ三年おきに、白い球が舞子さんの部屋を訪れたのだそうだ。最後は高校一年生のときだったが、毎回、同じように部屋をひと巡りして窓から出ていった。

自宅は神戸市郊外で、家の近くに飛び込み自殺が多い線路の踏切と墓地があった。舞子さんはなんとなく、白い球や騒霊と死者の魂を結びつけて考えるようになっていった。

小学四年生の夏休みのこと。苦手な水泳を克服しようと、舞子さんは市立体育館のプールで開催された児童向けの短期集中水泳教室に電車で通いはじめた。

徐々に上達し、気持ちにゆとりが生まれてきて、ある日、水泳が終わってから教室で仲良くなった子と一緒に駅前繁華街で買い物をした。あっという間に時間が過ぎて、電車に乗る頃にはあたりは暗くなっていた。

ちょうど電車が混む時間帯だった。空いている席がなかったので、舞子さんは吊り革に掴まり、車窓に映る自分の顔をぼんやり見ながら電車に揺られた。

もうすぐ家の最寄り駅に到着する……というとき、背後から低い声で囁きかけられた。

「今日は楽しかったか？」

男性の声だった。

しかし窓を見れば舞子さんの後ろには誰も映っていない。

驚愕した直後、電車が駅に到着した。

姿が見えない男が立っていたと思しき方角には、墓地があった。

例の飛び込み自殺が絶えない踏切も、墓地の近くだった。

霊の存在に敏感なお陰で、中学三年生の修学旅行では困ったことになった。

通っていた神戸市の公立中学校では五月にバスガイド付きの貸し切りバスで広島を訪れることになっており、舞子さんも楽しみにしていた。ところが、いざ出発して、バスが広島市に差し掛かったら、急に身体の具合が悪くなり、吐き気をもよおしてしまったのである。

乗り物酔いをするたちではなかった。しかしバスに酔ったのだろうと周囲は思ったし、舞子さん自身もそう考えた。だからバスを降りたら治るはず……と楽観していたのだが、降車して市内観光が始まると、予想に反して、ますます体調がおかしくなってきた。

しばらく我慢していたが、一行が平和記念公園に到着し、第二次大戦と原爆についてガイドが解説しはじめたときには、立っていることすら難しいほどになっていた。

冷や汗と悪寒が酷く、吐き気も治まらない。

只事ならない様子の舞子さんに先生が目を留めて、バスに戻って休んでいなさいと指導した。そこで舞子さんだけ、資料館の見学を切り上げて貸し切りバスに戻ることになった。

それでも体調が戻らない。結局、広島ではほとんど何も見ることができなかった。

食欲も湧かなかったので、お弁当も食べられず、他の子たちとお喋りを楽しむことさえ叶わず、散々であった。

やがて再びバスが発車した。次の目的地は嚴島《いつくしま》神社のある宮島だ。

しばらくすると、舞子さんは急に気分が良くなった。

そのときバスガイドが、「只今、当バスは広島市から出ました」とアナウンスした。

やがて舞子さんは兵庫県立高校に入学した。そして放送部に入ったところ、先輩部員たちからこんなことを聞かされた。

「すぐそこの廊下にな、男女のカップルの幽霊が出るんやで」

――放送室の前の廊下に幽霊が出没するというのである。

舞子さんは厭な予感がした。人より霊的なものの影響を受けやすく感じやすいので、中学校の修学旅行のときのように体調が悪くなったら困るし、怖い思いもしたくない……。

しかし怪異に遭うことなく一学期が過ぎて、安心した。

放課後、放送室に部員が集まり、終業式の放送の段取りや二学期から休憩時間に流す音楽について話し合った。舞子さんは休憩中の音楽に原田知世の《早春物語》を推した。

「ハイクラウンチョコレートのテレビコマーシャルで流れとるし、赤川次郎の『早春物語』が映画化されて原田知世ちゃんが主演することになっとって九月に上映される予定やし、透明なレコードがついこないだ発売されて話題になってるさかい、いいと思います！」

ところが先輩たちの反応は悪かった。

「ピンと来ぃへんなぁ。どないな曲や？」

そこで舞子さんはその場で《早春物語》を歌ってみせたのである。

「逢いたくて逢いたくて、あなたにすぐに、逢いたくて逢いたくて……」

舞子さんは〝知世ちゃん〟の物真似で歌いはじめた。

ここの放送室は廊下側の壁が録音スタジオ風のガラス窓になっている。舞子さんはそこを鏡代わりにして、自分の姿を確かめた——原田知世風になっているかどうかを、だ。

「……逢えないときは、せめて風に姿を変えて、あなたのもとへ……」

そのとき舞子さんはガラスに奇妙なものが映っていることに気がついた。

自分ではない、顎のあたりで髪を切り揃えた、いわゆるショートボブに髪型を整えた女性が映っているのだ。

廊下には誰もいない。放送室には部員が一二、三人集まっている。

ガラスに映っているのは女性の斜め横顔だ。舞子さんは歌いながらしげしげと観察して、

——こんな美人、いたかしら。

恐ろしいことを発見してしまった。

その女性には首から下が無かった。息を呑んで歌を止めると、女の首は舞子さんの方を振り向いてニヤッと笑った。

笑った瞬間だけ、口紅を塗ったかのように唇が真っ赤に変わったのだという。

以上、一九八五年のことである。

舞子さんが大学生の頃、例の近所の踏切で彼女の友人が自殺した。しかしその頃にはもう、幽霊など不可思議なものの気配をまったく感じなくなっていた。

今はその踏切はなくなり、そばにあった墓地もどこかに移転してしまったということだ。

沖縄の修学旅行

宮城県出身の美咲さんは県内のキリスト教系私立中高一貫校に進学した。この学校は創立一〇〇年を超える私立女子校として知られていたが、美咲さんが入学した年から男女共学に切り替わった。切り替え初年度の男子学生は一学年約二〇〇人中わずか二名だったそうだ。

そして高校二年生が参加する一〇日間の修学旅行で、美咲さんのときは訪問地として沖縄と韓国が挙げられた際、男子は二名とも韓国コースを選んだ——従って、これから綴る沖縄の修学旅行で美咲さんが体験した話に登場する生徒は、全員女の子ということになる。

美咲さんは修学旅行では沖縄コースに参加した。二年生の生徒約一〇〇名と、数名の教師と共に一〇日間、沖縄本島の各地を見学しながら旅行した。

時期は一一月半ば。一九九二年生まれの美咲さんが高校二年生のときということなので、当該する年月日の那覇の天気を調べてみたところ、日中は二五度前後で雨も少なく、過ごしやすい気候だったようだ。ただし水温が低いため海やプールで遊ぶわけにはいかず、美咲さんたちにはこれが不満だったとのこと。

ことに、三日目に泊まる沖縄本島の某リゾートホテルは白砂のビーチと豪華なプールが売りと言ってもいいところだったから、残念に感じた生徒が多かった。

とはいえ全行程の中で唯一のリゾートホテル泊だったので、みんなこの日を楽しみにしていた。ホテルに到着して部屋が割り振られると、美咲さんを含む一五名だけがコテージで、他の生徒はみんなホテルの本館に泊まることがわかった。

美咲さんは、同じコテージに泊まる仲間たちと小躍りして喜んだ。

椰子の木やブーゲンビリアに囲まれた、エキゾチックな南国風のコテージである。このホテルは海を望む崖の上に建っており、コテージがある庭園には絶えず潮騒が響いていた。

……これぞまさしくリゾートホテルの醍醐味という感じがした。こういうところに泊まるならコテージの方が断然良いと美咲さんたちは思ったわけである。

コテージは全部で四棟あり、それぞれ扉に数字が記されていた。

美咲さんと他二名が泊まるコテージの番号は《4》で、他のコテージより小さかった。

《1》と《3》のコテージには六名ずつ生徒が割り振られ、《2》のコテージには男性教師が独りで泊まることになった。

清潔で快適なコテージだった。夕食後の自由時間でホテルの庭を散策すると、柵などなく、崖の際まで歩いていけることがわかった。目が眩むような断崖絶壁で、恐ろしくて縁には近づけなかったが、潮風が心地よかった。夜の八時半から九時の間に学年主任の女性教師が各部屋を巡回してくることになっていたから、美咲さんたち三人は、あまり遅くならないうちに《4》のコテージに戻って入浴を済ませて待つことにした。

ところが、九時になっても学年主任が来ない。

「変だね。もう九時だ。先生どうしたんだろう?」「そろそろ来るんじゃない?」

そう話し合っていたところ、トントン、と、誰かが扉を叩いた。

「はい! どうぞ!」と、美咲さんたちは部屋の中から大声を張り上げてノックに応えた。

鍵は掛けていない。学年主任がすぐに扉を開けて入ってくるものだと思っていた。

「……? 先生?」

入ってこない。扉が開けられるのを待っているのかもしれないと美咲さんは考え、「私が行く」と他の二人に言って、扉の方に近づいていった。

すると扉の横にある磨りガラスの窓越しに人影が見えて、女性の声が聞こえた。

「開けてぇ」

「あっ、すみません!」

——てっきり学年主任が来て、扉を開けてもらうのを待っていたのだろうと思ったのだが。

「あれ？」

扉を開けたら誰もいない。

「そこの磨りガラスの外に立ってるのが見えたのに。すぐに開けなかったから、先生、別のコテージに行っちゃったのかな？」

「じゃあ、五分ぐらいでまた来るね。他は《1》と《3》だけだから」

しかし、学年主任が美咲さんたちのコテージを訪れたのは、それから約五〇分後の九時五〇分のことだった。

「やっと来たぁ！　先生、九時頃に来たでしょう？　あのときノックされたのに、ドアを開けるのが遅くてごめんなさい！　でもすぐに戻っていらっしゃると思ってたんですよ。何かあったんですか？」

「九時頃にノック？　それは私じゃありません。他の生徒の悪戯《いたずら》でしょう。巡回が遅れて申し訳ありませんでした。他の部屋でちょっとトラブルがあって手間取ってしまって……」

トラブルの詳細を訊く隙を与えずに点呼を取ると、学年主任はそそくさと立ち去った。

それから間もなく、美咲さんは眠ってしまった。

――早朝、揺り起こされた。目を覚ますと、隣のベッドで寝ていた子が涙目で美咲さんの肩に手を掛けていた。

「誰かが部屋を歩きまわる音がずっとしていて、全然眠れなかったんだけど！　なんなの？

このコテージ怖いよ！　何かいる！」

聞けば、美咲さんと、あともうひとりが寝入って室内が静かになると、足音と衣擦《きぬず》れが聞こえはじめたのだという。

「美咲ちゃんたちは目を覚まさないし！　起きて、起きてって、私、何度も頼んだのに！」

「ごめんね。でも、今は足音なんて聞こえないよね？」

「それは……朝になったからだよ！　そうだ。昨日、美咲ちゃんが窓のところに誰か立ってたって言ってたじゃない？　あれって幽霊だったんじゃないかな」

「じゃあ私が招き入れちゃったってこと？　あれは先生が言ったとおり誰かの悪戯でしょ！」

3番コテージの子たちが怪しい。すぐ隣だからダッシュして戻ったんだよ」

「それより先生が遅くなった原因が気になる。トラブルって、いったい何だろうね？」

八時に本館のレストランに集合して朝食を取ることになっていた。本館へ行くために美咲さんたちがコテージを出ると、ちょうど隣の《3》のコテージの生徒六人も外に出てきたところだった。

「おはよう！　ねえ、昨日の夜、怖がらせようとして悪戯したでしょ？」

美咲さんが笑いながら話しかけると、《3》の子たちは顔を見合わせた。

「ううん。何にもやってない。悪戯って何？　それより昨日は大変だった。給湯器が壊れてお湯が出なかったから、先生に相談して、本館に泊まってる子たちの部屋のお風呂を使わせてもらったんだよ」

「だから、つい、本館の子たちと遊んじゃって、巡回の時刻を過ぎても帰らなかったから叱られたんだよねぇ」

「なんだ。学年主任の先生が言ってたトラブルっていうのは、そのことか……」

「たぶんそうだと思うよ。1番コテージもお湯が出なかったんだって。……で、みんなで遊んじゃったから一二人全員でお説教されて、一〇時過ぎにここに戻ってきたんだよ」

「そうそう。戻ってきたとき他校の子たちを見かけたよ。やっぱり修学旅行かな？」

――だったら悪戯したのは他の学校の生徒かもしれないわけだ。

大方の疑問が解決したので、スッキリした気分で美咲さんは朝食の席に着いた。

《1》から《4》のコテージ組は同じテーブルに集められていた。

《2》の男性教師もいた。彼はそのとき、こんな話をした。

「昨夜一〇時に学年主任の先生が部屋に来て、すぐに戻っていかれた。それで、もう寝ようと思っていったんベッドに横になったら、チリリン……と、風鈴の音が聞こえてきたんだよ。それがずうっと鳴りつづけて、耳についてうるさくてね。潮風が吹いてるせいだなと考えて、このまま鳴りつづけられたらかなわないから、取り外して、明日の朝また付けておけばいいだろうと思ったんだ。でも、窓を開けてみたら風鈴が無い。あれ？　ここじゃないのかと思って、サンダルを履いて建物の周りをグルッと一周してみたんだけど、風鈴なんてどこにも無かった。しかし部屋に戻ると音は聞こえるんだよ。チリリンチリリン……と。なんだか怖くなってきて、黒曜石の数珠を持っていることを思い出したんだ。うちの学校はキリスト教だけど、僕の家は代々仏教徒だし、沖縄でチビチリガマに行くときには数珠を持っていた方がいいような気がして持って来てた。黒曜石には魔除けの効果があると言われているし……念の為に……と思っていたんだけど、それが……ボストンバッグから取り出した途端に、パーンと弾けるみたいに糸が切れて、数珠の珠がバラバラに飛び散ってしまった！　しかもその瞬間、珠に細かく罅《ひび》が入って真っ白になった！　それが一個だけじゃないんだ。拾い集めてみたら、どの珠も細かな罅に覆われて白くなっていた。……風鈴はいよいよ激しく鳴りつづけている。そこで僕は般若心経を唱えはじめた。唱えつづけていたら、いつの間にか風鈴の音が止んでいた。般若心経のお陰で気持ちも鎮まって眠ることが出来たけれど、恐ろしかったなぁ……」

これを聞いて美咲さんたちは震えあがってしまったが、《3》のコテージの六人だけは他の生徒と反応が違った。

目配せし合っていたかと思うと、ひとりが代表して質問を述べた。

「先生、じゃあ、あの人たちは何だったんですか？　ちょうどその頃……一〇時過ぎに私たちがコテージに戻ってきたときに、隣の、先生のコテージのところにセーラー服を着た他校の生徒が何人もいるのを見ました。先生は、あの子たちと話していたんじゃないんですか?」

一瞬で、男性教師の顔から血の気が引いた。

「そんな子たちは知らないぞ!」

《3》のコテージの生徒たちによると、セーラー服の女子生徒が一〇人近くも、《2》のコテージの扉のあたりに固まっていたのだという。

そのようすを見て「先生が他校の生徒たちと会話している」と思い込んでいたわけだ。

「第二次大戦中、沖縄では一般住民の集団自決が相次いだ。読谷村《よみたんそん》のチビチリガマだけじゃないんだよ。この場所がそうだとは限らないが、崖から海に飛び降りた人たちも多かったそうだ。その中には子どもや若い女性も大勢いた。無闇に怖がるのではなく、亡くなった方たちを悼《いた》む気持ちを忘れずにいよう。ガマに行ったら、きちんと祈るんだぞ」

美咲さんたちは感動を覚え、「はい、先生」と素直に返事をした。

しかし、この翌日あたりから高熱を発する生徒が続出し、祈るどころではなくなった。熱を出した生徒を病院に連れていったところ、インフルエンザだと診断されたのだ。

その直後、さらに二〇人以上が同時に熱で倒れた。結局、全員が沖縄の病院で検査を受け、発症した生徒は連れて帰るわけにもホテルに泊まらせるわけにもいかず、そのまま隔離病棟に入院させられた。
美咲さんの検査結果は陰性だったけれど、修学旅行は中止になってしまった。

予知と夢

きっと間違ってソーマを飲んでしまったんですね。
予知夢は侮れません。
なにしろ夢で視たことが本当になってしまいますからね。
悪戯っ子はよく眠るものですし、悪い夢ほどよく中《あた》るんです。
ケルブを憑けておきましょう。
神の啓示でお子さんを正しく導きます。テストの答えを訊くのは禁止。
預言の可能性もあります。予感に耳を傾けてください。
予感と第六感は神秘の双子。大切に育てましょう。
でも、たいがいは虫の知らせです。
話せば長くなりますが、虫が三匹か九匹、軀《からだ》の中に棲んでいるのです。
そのお陰で、幽明境を異にせず、晩課のように霊迎え。
……ゆめときも合はせしかども、そのことは一つかなはでやみぬ。

教える生首

皆さんは何歳からの記憶をお持ちだろうか。

私は二歳半ぐらいの頃、産婦人科の待合室で白衣を着た若い男性に絵本を読んでもらったことを憶えていて、これが最も古い記憶だ。どうやらこのときは母が妹を妊娠していて、私を連れて産婦人科の検診に行ったようだ。母の検診中、私を大人しくさせておくために看護師か研修医が絵本を読み聞かせてくれていたのだろう。

実話奇譚を書くため、これまでに約五〇〇人をインタビューしてきて、その全員ではないが一〇〇人は下らない人たちから、最初の記憶がある年齢を伺ってきたが、いちばん多いのが三歳だった。興味深いことに、二歳以下の記憶があると言っていたのは全員が女性だった。

しかし性別問わず三、四歳が大半を占めていた。一〇人にひとりぐらいの割合で五歳という人があり、六歳半以前のことは憶えていない人もひとりだけ知っている。

この問題について、名古屋大学・比較認知科学研究室で人間や霊長類の心の働きを生物学的な手法を用いて研究している川合伸幸准教授が、二〇一七年四月に情報サイト《いこーよ》において、およそこのように解説していた。

——人はごく幼いうちから顔や言葉を記憶し、〇歳児でも人の顔を見分け、一歳になれば言葉を話しはじめる。それに対して「いつ、どこで、何をした」と繋げて思い出せる〝エピソード記憶〟を身につけるのは三歳以降。

三歳までに脳の八割が完成するとされている。完成前に覚えた記憶は、脳の発達と共に埋もれて取り出しにくくなるが、忘れたわけではない。「思い出せない」という表現が近い——

福岡県に実家がある三輪七恵さんは、神奈川県の海老名市で生まれた。父の仕事の都合で一歳半のとき福岡県に転居して、大学進学で上京するまで福岡に住んでいた。

七恵さんには、海老名市にいた一歳の頃の記憶があるのだという。

伝い歩きをしている自分の左斜め上に、白い包帯に包まれた赤ん坊の生首のようなものが浮かんでいる。手を伸ばしても届かない。

それには、肩も腕も身体も無い。頸の付け根で切れている首だけの状態で、顔だけを露出させて、あとは頭の天辺から頸の切り口まで隈なく、真っ白な布で巻かれている。

顔色は酷く蒼白いが、目鼻立ちや顔の小ささは赤ん坊のそれである。

それが七恵さんを見つめながら、頭の中に語りかけてくる。

「おかあさんは、あっちだよ」

大人の男性の声だった。七恵さんはそれに対して漠然と好感を持った。

——おかあさんの居場所を教えてくれた。この〝何か〟はきっと善いものに違いない。


これが七恵さんの最初の記憶で、以降も比較的鮮明に、途切れなく憶えている。〝教える生首〟が常に身近にいたお陰かもしれない。

一歳からの七恵さんはいつもこの生首と共にあり、絶えず見守られ、日に何度も心で対話していた。七恵さんが視線を左上に向ければ必ずそこに浮かんでおり、声に出さなくても、質問をイメージするだけで答えてくれた。

迷子になれば、必ず生首が正しい道に導いてくれた。わからないことがあっても訊けば何でも答えてくれて、絶対に間違わない。

「白い布でグルグル巻きにされた赤ん坊の生首が大人の男性の声でテレパシーを送ってくるなんて、普通に考えたら不気味ですよね？　でも、幼い頃の私にとっては肉親よりもある意味近しい存在でした。善なる存在だと信じていましたし、頼りにしていました」

——善なる存在と聞いて、私はイタリア・ルネサンスの画家、ラファエロ・サンティの《聖母の戴冠》という絵を想起した。

ラファエロの《聖母の戴冠》には、宙に浮かぶ赤ん坊の生首に羽を何枚か付けたものが八体も描き込まれているのだ。

どの解説を読んでも、これは智天使ケルビムであるとされている。ケルビムはざまざまな姿に描かれる天使で、このように羽を付けた顔だけの姿で表現されることもあれば、背中に羽を生やしたキューピッドのような幼児（プット）として描かれることも多い。

ケルビムのオリジナルは旧約聖書で、〝ケルビムにはそれぞれ四つの顔があり、第一の顔はケルビムの顔、第二の顔は人間の顔、第三の顔は獅子の顔、第四の顔は鷲の顔であった（エゼキエル書・第一〇章一四節）〟と書かれているが、決まった姿を持っているわけではないというのが大方の解釈だ。〝こうしてアダムを追放し、命の木に至る道を守るために、エデンの園の東にケルビムと、きらめく剣の炎を置かれた（創世記・第三章二四節）〟という記述があるため剣とセットで描かれることも多い。

天使の階級ではケルビムは第二位という上位階級に属しており、単数はケルブ。

マルコム・ゴドウィンの『天使の世界』（大瀧啓裕訳、青土社）によれば、ケルブの語源は「知識」または「仲裁する者」を意味するヘブライ語 Cherub だとされている。

七恵さんが三歳のとき、胃癌で入退院を繰り返していた母方の祖父が危篤状態に陥った。

七恵さんも両親や他の親戚と共に祖父の病室を訪れたが、すぐに臨終とはならず、夜になったので、父が幼い七恵さんを連れて家に戻った。帰宅するとすぐに蒲団に入ったのだが、祖父の容態が心配だった。そこで七恵さんは、ケルブ、あるいは生首に訊ねた。

「おじいちゃん、死なんよね？」

「いや、明日死ぬんだよ」と、それが答えた。

そして朝、目が覚めた時には、両親がお通夜などの支度に追われていた。

七恵さんは悲しかった。七恵さんは母方の祖父にとっては初孫で、可愛がってもらっていたのだ。

お通夜のときに泣いていると、再びそれが現れて、「人は皆、誰しも亡くなるもので、いつかはお別れがくるものなのだよ」と七恵さんを諭した。

幼稚園の頃までは頻繁に生首と対話していたが、小学校に入学した頃から頻度が落ちた。七恵さんは「小学校に入ってから友だち関係が忙しくなって、意識をそれに向けることが少なくなったからだと思う」と話していた。

小学校低学年の頃、授業中にペーパーテストを受けているとき、答えがわからない問題があって、「お願い！　来て！」と心の中で頼んだら現れてくれたことがあったという。

そのときは「しょうがないなぁ」という感じで、解答を教えるのが厭そうだったとか。

……そういうエピソードを聞くと、生首の利用の仕方が悪くなってきたから出てこなくなったのではないかと思いたくなるが、その頃からたまに、当時七恵さんが気に入っていた"クマのプーさん"のぬいぐるみの中に生首の気配を感じることがあったり、声や気配だけで姿を見せないことが徐々に増えてきたと言うから、七恵さんが姿を認識できなくなってきた、あるいは生首の方が何らかの原因で姿を保てなくなってきたという可能性もある。

小学五年生の九月頃の夕方、茜色に染まった美しい空を家の窓辺で眺めていたところ、姿は見せずに気配だけ現れて「もうここには留まれないから、これからはひとりでやっていくように」と七恵さんに告げたかと思うと消えた。

これが一歳からこの方、付き合ってきた生首との最後の別れとなった。

ずっと一緒にいるものだと思っていたのに急にいなくなったのがショックで、ひとりで受け留めるのが辛く、その晩、七恵さんは母にすべてを打ち明けた。

一歳で出逢い、どういうふうに対話してきたか。迷子のとき、テストのとき、祖父の死にあたって、どのように教え諭されてきたのか……。全部、いっぺんに話した。

すると母は、こう言った。

「思い当たる節がある。七恵はうんと小さな頃から黙ってひとりでジーッとしていることが度々あった。そげなときは、それと話ばしとったんやなあ」

腑に落ちたようすで、七恵さんの話を少しも疑わなかったという。

「母も霊感が強いタイプでした」と七恵さんは私に説明した。「超自然的な存在を母自身も見たことがあるので、理解してくれたのでしょう」

以上で、七恵さんの幼い日々を支えた不思議なケルブまたは生首の話はお終いである。

ここから紹介するのは、七恵さんと彼女の母が福岡県福岡市早良《さわら》区の脊振山《せふりさん》で体験した奇妙な出来事だ。

ちなみに脊振山は、かつては脊振千坊と呼ばれる霊場の地で山岳信仰の拠点となっていた。一説によると、天竺の龍が弁財天を背に乗せて脊振山に飛来して背鰭《せびれ》を打ち振ったことからその名が付いたそうである。もっとも江戸後期までは麓に領地を有していた廣瀧家にちなんで廣瀧山と呼ばれていた。佐賀県と福岡県の県境に位置し、標高一〇五五メートル、山頂に航空自衛隊脊振山分屯基地と気象庁のレーダーサイト、脊振神社の上宮神殿が、また標高七〇〇メートルの中腹には白蛇神社が、そして麓には脊振神社の下宮がある。

脊振神社上宮の祠および上下宮の鳥居は石造りであることが特徴的だ。御神体は山の縁起にも顕《あらわ》れた弁財天と市杵島姫命《いちきしまひめのみこと》。現在も参拝者が絶えないそうだが、これには在日米軍が一役買っていそうだ。と言うのも山頂まで車道が整備されたのは、第二次大戦後に在日米軍がここに通信基地を設置したお陰なので。二〇一六年に脊振山の米軍用地は国に返還され、現在は自衛隊が管理している（二〇一六年三月三日付、毎日新聞）

昔は山頂の脊振神社への参拝が困難であったため、下宮が造られた。今は山頂まで徒歩一〇分の所に駐車場があり、俗に〝自衛隊道路〟と呼ばれている車道を利用した自動車登山が可能な次第だ。山頂からの展望は素晴らしく、脊振山麓には渓流や温泉もあり、近県の人々には自家用車で行ける観光地として人気があるようだ。

それは七恵さんが中学二年生の初夏の頃のことだった。

中学一年生のときに両親が離婚し、七恵さんと母は母の実家に身を寄せることになった。祖父はすでに亡くなっていたので、祖母と母と七恵さんの三人暮らしが始まった次第だが、これを機に、近くに住む母の弟にあたる叔父の家族との付き合いが密になった。

叔父は小旅行やキャンプを好むアウトドア派。そこで七恵さんも、叔父夫婦や年下のいとこたちと叔父の4WDステーションワゴンに乗ってしょっちゅう彼方此方に出掛けるようになり、そのときも、脊振山にある蛍の穴場に行こうと叔父から誘われたのだった。

ただ、いつもと違ったのは、叔父たちと現地集合する約束になっていたことだ。

その日は平日で、叔父が定時に退勤できるかどうかわからなかった。そこで七恵さんの母は七恵さんと二人で、叔父たちより先に脊振山に行くことにしたのである。

七恵さんの母にとっては脊振山は地元の山で、馴染み深い場所だ。七恵さんも母に連れられて来たことがあり、脊振山は初めてではなかった。叔父が教えてくれた蛍の穴場は母も知らなかったが、土地勘があるので、母子二人だけで行くことには何ら問題がなさそうだった。

母が運転する普通乗用車で自衛隊道路を登山して脊振山駐車場を目指した。頂上の自衛隊基地と山腹の脊振山キャンプ場の間にある駐車場で、ここも何度も利用したことがあった。

七恵さんは後部座席に座っていた。そのときはカーステレオで一昨年に発売された〝SMAP〟のベスト盤《Smap Vest》のCDを掛けていた。

やがて脊振山駐車場の出入口が見えてきた。見覚えがある景色だが、なんとなく違和感を覚えた——出入口付近の地面に、白い紙を付けた棒が突き刺してあるのだ。

神道の祭祀で使う御幣《ごへい》のようだ——二本の紙垂《しで》を竹や木の串に挟んだもので、幣束《へいそく》や幣《ぬさ》とも呼ばれる。ようするに、神社で厄祓い祈願をした際に神主さんが祓具《はらいぐ》としてシャカシャカと振るアレである。神の依代《よりしろ》として祀られていることも多い。

どうしてこんな場所に突き刺したんだろう。七恵さんが訝しんでいたら、母が突然、強い口調で宣言した。

「帰るばい！」

「えっ！　なんで！　せっかく来たとに！」

「いいから！　帰ろう！　厭な予感がするけん！」

母は何かとても慌てたようすで、車をUターンさせた。

その途端、七恵さんは背中から胸へと身体の中を二つの球が並んで貫くのを感じた。

車のフロントが逆を向いた、つまり御幣にお尻を向けた刹那のことだ。テニスボール大の空気の球が二つ同時に、斜めに並んで、背中側から貫いて胸の方に抜けていった……ような感覚を非常に生々しく覚えたのである。

一気に全身に鳥肌が立った。

そのとき、カーステレオのCDプレーヤーに異常が起きた。

〝蒼いイナズマがガガガガガ……僕を責め責め責めるルルル炎カラダダダ灼きキキ……〟

ちょうど掛かっていた《青いイナズマ》が、まるでDJがスクラッチしたようになりはじめたのだ。〝……Ｇｅｔ Ｙｏｕ Ｇｅｔ Ｙｏｕ ゲゲゲゲゲッｔ Ｙｏｕ！〟

母が無言でCDを再生機から取り出した。

そこからは何も起こらなかった。帰宅して叔父に母が電話で脊振山に行かなかったことを伝えると、叔父たちも、叔父の職場で急に問題が発生したとかで偶然まだ行っていなかった。

母はなぜか駐車場で御幣を見たことやカーステレオのことを叔父に話さなかったようだ。

それからだいぶ経って、夜、母とテレビのニュース番組を見ていて、チャンネルを替えたら駐車場と御幣が映った。脊振山かどうかは確認できなかったが、あの脊振山駐車場で見た光景に瓜二つだった。死体遺棄事件が報じられていたようだ。

七恵さんからこの話を聞いてから脊振山付近の事件報道を調べてみたところ、二〇〇六年八月五日付の西日本新聞に、脊振山で殺された女性の遺体が発見されて容疑者が逮捕されたとの記事が掲載されているのを見つけた。

ひき逃げ容疑で逮捕した容疑者が、逮捕の際に乗っていた車の名義人女性を殺害して遺体を棄てたと自白したことから、供述に基づいて脊振山山中を捜索したところ遺体を発見したとのことだ。脊振山では昔から自殺する者が多いという噂もネット掲示板やSNSで散見されることから、山中に人目につきづらい場所があるのだろう。車で容易に登山できることも、ひょっとすると仇になっているのかもしれない。

そんなわけで怪異目撃談もインターネットではいくつか拾った。

《ヤバイ所は山の中で、後ろから誰か付いてくるような気配がある》

《山頂下の駐車場で女のかん高い笑い声がした。車に戻ると他には誰もいない駐車場に火柱が立った》

前夜に視たこと

渡辺愛さんが小学四年生のときのことだ。

そのときは八月中旬で夏休み中だった。夜、こんな夢を見た。

――同居している父方の祖父母が黒い服を着て、自宅の座敷を右往左往している。なんだかとても慌ただしい雰囲気だ。二人の衣装は喪服だろうか……。訝しく思って「どうしたの?」と訊ねた。すると祖母が「大丈夫。後でわかるから」と答えた。

翌日、愛さんは同級生の友だちと連れだって、小学校の担任の先生の家に遊びに行った。するとと先生の家に到着していくらも経たないうちに、母から電話が掛かってきた。

「親戚のおにいちゃんが亡くなったから、早く帰っておいで」

亡くなったのは父の従弟《いとこ》で、そのときまだ二一歳だった。背が高くて俳優の吉田栄作に似ており、愛さんは、この〝おにいちゃん〟のことが気に入っていた。

飲酒運転で自損事故を起こして即死だったということだ。親戚一同、愛さんも含めて、たいへん意外に思った――おにいちゃんは非常に真面目な青年で飲酒運転などしそうもなかったからだ。また、つい二、三日前に愛さんの家でみんなと顔を合わせたばかりだった。

愛さんの父はいわゆる総領息子で、一族の長であった曾祖父の家を継いでいた。

だから八月のお盆には、親族が四〇人ばかり愛さんの家に集まる。それなりに厳《いか》めしい木造の二階家で、家の敷地内で祖父と父がメッキ工場を営んでいる。その工場では、死んだおにいちゃんの母である祖父の妹を含め、祖父のきょうだい九人中五人が働いていた。

親族の結束は固く、おにいちゃんはみんなの希望の星だった。

担任の先生の家から愛さんが帰ると、母と弟が待ち構えていて、おにいちゃんの家に連れていかれた。つまり祖父の妹の家だ。親族一同、ほとんどが愛さんの家の近くに住んでいた。この家もすぐ近くだった。父方の曾祖母と祖父母、父は、すでに駆けつけていた。

祖父母はもう喪服を着ていた。

それを見て、愛さんは前夜の夢を脳裏に蘇らせた。

――おばあちゃんが夢で「後でわかるから」と言ったのは、こういうこと？

おにいちゃんの死から二ヶ月後、再び、似たような夢を見た。

――両親が慌ただしく喪服に着替えて出掛けようとしている。愛さんは前の夢のときと同じように「どうしたの?」と訊ねる。すると母が「大丈夫。後でわかるから」と答えるのだ。

この夢を見たのは水曜の夜で、家庭教師の先生が来た日だった。

愛さんの両親は教育熱心で、毎週水曜日は先生が来て夜九時まで愛さんと弟は家で勉強することになっていた。そして木曜日は英語の塾に行く日で、愛さんが自分で自転車を漕いで行き、七時前に帰宅するのだ。

木曜の夜、塾から帰ってきて自転車を駐車場に入れるときに、母が駐車場のそばにある犬舎の掃除をしているのは、いつものことだった。愛さんの家では、シベリアンハスキー二頭、ホイペット一頭、ゴールデンリトリバー一頭……計四頭を飼っていて、日中は犬舎に犬たちを入れ、夕方になると家に上げて、そのとき掃除をするのが母の日課だからだ。

愛さんが犬舎の前で自転車を降りるのも、いつもどおりだった。

しかし、母のようすが何だか変だった。

いつになく暗い顔で、「話があるから早く家に入りなさい」と言う。

愛さんは、どの犬か、死んでしまったのかと咄嗟に思った。が、覚悟して玄関に入ると、犬たちが尻尾を振って集まってきて、見れば全部揃っている。

「どうしたの?」と愛さんは母を振り返った。

すると驚いたことに、母が見る間に涙を溢れさせた。

「昨日、先生がお亡くなりになったの」

毎週水曜日は夜九時になると、家庭教師派遣会社の車が先生を迎えに来ていた。その家庭教師派遣会社は契約した家庭教師を各家庭に派遣しては授業終了後に車でピックアップして回っており、愛さんのところに来るのが最後だった。だからいつもは家庭教師派遣会社の運転手が愛さんの家のインターホンを押すと、すでに車で待っている他の先生方を待たせないように、先生は大急ぎで出て行く。

しかし前夜は、運転手が、出迎えた母に、他の先生たちは全員お休みしていると話した。愛さんの母はフレンドリーな性格で、以前にもこの運転手と会話をしたことがあった。「だったら是非お上がりになってください」と母は彼を引き留めた。「先生も是非、お茶を飲んでいってください」と母は先生にも言った。

そして一〇分か一五分程度、三人で会話した。

家庭教師派遣会社の車が単独事故を起こして先生が死んだのは、母が二人を玄関で見送ってから、たった五分後のことだった。

「私が引き留めたせいで事故に遭われたのでは……」と、母は酷く責任を感じていた。だから告別式に参列するのを愛さんたちは遠慮した。葬儀が済んでから、母が先生のご両親に連絡して、愛さんを連れて家を訪ね、お焼香させていただいた。

——その後の約二年間で、親戚のおにいちゃんの友人や、愛さんの家族の関係者などが、バタバタと一〇人近く亡くなった。

愛さんの両親や親族は「死の連鎖だ」と言って恐れ、どこで止まるのだろうと心配した。

愛さんが小学六年生の夏休み直前、映画『学校の怪談2』が公開された。すると、前年に上映された映画シリーズの一作目や、同名のテレビドラマのビデオソフト（九四年に放送された関西テレビ放送のドラマシリーズ。VHS版が全国のレンタル店で人気を博した）、小説や漫画などが下地になって、学校の怪談ブームが隆盛を極めた。

六年生ともなると、児童書や子ども向けのコンテンツでは飽き足らず、オカルト関連の本を読み漁って怪しい知識を蓄える子がチラホラ出てくるものだ。

愛さんの友だちにもひとり、そういう子がいた。

ある日、その子が愛さんに〝予知夢〟についてレクチャーした。

「予知夢っていうのは、これから起きる出来事を夢で知る予言の一種のこと。たとえばおじいちゃんの写真が倒れた直後におじいちゃんが死んだら〝虫の知らせ〟だって言うでしょ。そういうのも夢で見たら予知夢ってことになる。第六感や超能力の夢版だよ」

——だったら、あれはもしかして予知夢だったのかな？

帰宅すると、まさにあの亡くなったおにいちゃんの母親と愛さんの母が家にいたので、二人に、四年生のときに見た夢のことを話した。

二人とも一瞬で顔色が変わった。

母が強張った表情で愛さんに訊ねた。

「またそういう夢を見たの？」

「見てないけど……」

「また見たら絶対に教えてね。でも、よその家の人には言わないで」

愛さんが、不思議な夢を最後に見たのは中学三年生の八月一六日のことだという。

――前に伸ばした手すら見えないほど濃い靄で視界が白く覆いつくされた場所を、ひとりで歩いている。と、突然、目の前の靄が消えて、四人の人物が現れた。

「まだ来ちゃだめだよぉ。戻らないとだめだよぉ」

「戻って、戻って」

四人とも身体つきは大人のようなのに、幼い子どものような可愛らしい声を発する。

そして口々に元いた場所へ戻れと言いながら手で押して、強引に靄の方へ追いやろうとするのだ。

「えぇ？　どうして？」

「早く早くぅ。急いでよぉ」

四人が一所懸命、グイグイと背中を押すものだから、愛さんは一面の白い靄の中へ――。

薄目を開けると、実際に視界が白く靄っていた。バチバチバチバチバチと耳慣れない音が鼓膜に雪崩《なだ》れ込んできて、何の音だろうと訝しく思った直後、

「火事だ！　起きろ！　逃げろ！」

という、父の叫び声が聞こえてきた。

飛び起きたら、夢で見たような景色。しかし靄ではなく、部屋に立ちこめているのは煙で、窓の外には紅蓮の炎が。

ここは母屋の二階で、愛さん、弟、父と犬四頭が寝ていた。

母は一階。祖父母と曾祖母は別棟を使っている。

愛さんは自分の部屋で飼っていたシマリスのケージを抱えると、急いで階段を駆け下りた。一階に着いたとき犬たちのことを思い出して二階に引き返そうとしたが、煙が充満していて息が苦しく、断念した。

玄関から裸足で外に走り出たところ、母が犬たちを助けるために家の中に戻ろうとして、父と揉み合いになっていた。弟が走り寄ってきて、愛さんに抱きついた。

結局、祖父母と曾祖母がいた別棟は無事だったが、母屋は全焼してしまった。

後に警察の調べで、母屋の隣に建っていたメッキ工場の漏電が火事の原因だと判明した。

奇妙なことではあるが幸い工場は半焼で済んだ。別棟で暮らしながら工場を再建して、一家は再び歩みはじめた。家族は全員、無傷だった。愛さんのシマリスも生きていた。

家族同然だった四頭の大型犬だけが犠牲となった。

愛さんはこう語る。

「私は、いったん熟睡するとなかなか目を覚まさない子どもでした。夢に現れた四人組は、火事で焼け死んだ犬たちだったのでは……。不思議なことに四人の顔や服装は憶えていませんが、あの可愛らしい声と喋り方は、人懐っこくて無邪気だったうちの犬たちをなぜか彷彿とさせるのです。彼らが私の背中を押してくれなかったら、私は煙を吸って死んでいたでしょう。私は、あの夢に……四頭の犬たちに命を助けられたのです」

夢枕に立つ

三三歳の新井由美さんは、当時、夫の社宅に住み、三歳のひとり娘を育てていた。
ある日、新しく社宅に入居してきた男女を夫から紹介された。男性は夫の同僚だというこ
とだが、その妻だという女性はまだ二〇代前半と若い……が、歳の割りに華やかさに欠けて
暗い印象を受けた。しかし、少し会話してみたら優しくて気遣いがある。洒落っ気がない点
も真面目で堅実なのだと思えば好ましい。
それに、娘が彼女にとてもよく懐いた。そういうわけで、すぐに親しくなった。
幼い娘を連れていくよりも来てもらった方が由美さんの負担が少なく、先方としても気が
楽だとのことで、彼女は度々由美さん宅へ遊びに来るようになり、夫同士も馬が合ったため、
家族ぐるみの付き合いが始まった。
それから半年ほど経って、いつものように由美さんの家で彼女とお喋りに興じていたとこ

ろ、娘の誕生日が話題になった。四歳の誕生日が近かったのだ。

するとなぜか急に彼女が遠い目をして「四歳ですか」と呟いた。

「そう。もう幼稚園も年中さんよ」と、由美さんは応じた。娘のお迎えの時刻まではまだ間があった。彼女と一緒に幼稚園まで行くつもりだった。彼女がいると娘が喜ぶのだ。

「……私の妹も四歳になったばかりでした。事件が起きたときは埼玉の団地に住んでいました。私は一二歳で歳が離れた妹が可愛くて仕方がありませんでした。妹も幼稚園に通っていました……」

突然、彼女が語りはじめたので由美さんは驚き、「ちょっと待って」と話を遮った。

「妹さんも四歳って何？　事件って？」

すると彼女は「連続幼女殺人事件です」と応えた。

「でも私たちは、初めは迷子になったのだと思いました。家族で探しても見つからないので、行方不明として警察に届けて……数日後、刑事さんたちがうちに来て、妹の遺体が山の中で発見されたと言いました。その夜から、毎晩、夢枕に妹が立つようになりました。……いいえ、夢のような気がしません！　本当に夢じゃないかもしれません！　枕もとに妹が立って〝暗くて怖いから助けて〟と叫ぶんです。今も毎晩、毎晩です！」

「…………」

「あの当時は、私は事件の詳細を知りませんでした。両親から新聞やテレビのニュースを見るなときつく言い渡されていましたし、外出も禁じられていました。学校も休んでいました。報道が鎮静化するのを待って両親が離婚し、私は母親に引き取られて東京に引っ越しました」

由美さんは唖然とするばかりで何も言えなかった。

それから三年ほどして彼女が夫の転職に伴って社宅から去ると、なんとなく疎遠になった。ただ、話を聞いてから由美さんは件の事件について調べ、彼女が嘘をついていないらしいこと、そして、裁判の続報などが新聞に載ると必ず読むようになった。

二〇〇八年に犯人の死刑が執行されたとき、由美さんの娘は一二歳だった。妹さんが殺されたときのあの人の年齢だ、と、思わずにいられなかった。

その一、二年後、由美さんは家族三人で茨城県を観光旅行していて、偶然、彼女と再会した。向こうから声をかけてくれたのである。

「新井さん？」と。

――振り向いて驚いた。

面影はある。しかし彼女は別人のように明るい雰囲気の女性になっていた。また、お洒落になった。そのため、すでに三十路《みそじ》を迎えているはずだが、どうかすると以前より若やいで見える。夫連れで、夫婦仲も円満なことが感じ取れた。

「わあ、娘ちゃん、大きくなって！　どうも、本当にお久しぶりです！」

と、輝くような笑顔で娘や夫に話しかけた。

しばらく立ち話をした。そして、それぞれの夫と由美さんの娘がそばを離れたときを見計らって、由美さんはずっと気になっていたことを彼女に訊ねた。

「妹さんは今でも夢枕に立つの？」

彼女は、軽く目を見開いた。その表情が物語っていた――まだ憶えていたの、と。ひと呼吸の間の後に、彼女は柔らかな微笑を浮かべた。

「いいえ。犯人が死刑になってから出なくなりました。妹の魂も浮かばれたんでしょう」

世間を震撼させた《東京・埼玉連続幼女誘拐殺人事件》では、一九八八年八月から一九八九年七月にかけて五件の犯罪が実行され、うち四件で当時四歳から七歳の女児が殺害された。

三人目の犠牲者は八八年一二月に埼玉県の団地で行方不明となり、届け出から六日後に県内の山林で遺体で発見された。死因は絞殺による窒息死。その後、連続殺人事件であることが明らかとなり、容疑者は二〇〇六年に死刑が確定。〇八年六月に刑が執行された。

呪い

天道血花崩しの法も、厭魅《えんみ》も、あの子には要りませんでした。
返りの風は吹かず、呪いは美しく完遂されたのです。
透明な鉄輪を戴いた小さな鬼を、いったい誰が責められるでしょう。
それはそれは気高い怨念でありました。
虐め殺された数多《あまた》の子らは、人の蠱毒《こどく》で祟り神となったのやも。
月は晴れても心は闇なのでしょうか。
恨みの影を抱き往く夜に、せめて涙を。

呪殺ダイアリー

文化人類学・民俗学のオーソリティー、小松和彦は、著作『呪いと日本人』（KADOKAWA）のプロローグで、誰かの不幸を願う人間の心性を〝呪い心〟と名づけ、呪いとは〝呪い心〟と呪文や道具を用いる〝呪いのパフォーマンス〟がセットになって出来あがると定義した。

その一方で、仮にAさんという人に神秘的な技術を駆使した呪いをかけられたとしても、《あなたが自分にふりかかったさまざまな災厄を常《つね》に合理的に解釈しようとするならば、あなたは呪い信仰という文化的な土俵から降りているので、Aさんの呪いと自分の災厄とが関連づけられることはない》と書いた。

もっともな意見だと思う。

現代人の大半は、基本的に常に何事も合理的に考えており、たとえ悪いことが起きたとしても、誰かが自分を恨んで藁人形の五寸釘を打ったり、人形を用いる《厭魅》や動物霊を用いる《蠱毒》などの呪術を使ったりしている可能性には思い至らないものだ。

では、たとえば思いがけない事故に遭って大怪我を負った直後に、自分の写真が貼られた藁人形のような呪いの証拠物件を突きつけられたら、どう感じるか？

……多くの人は、激しく胸がざわついて、寒気を覚えるのではあるまいか。

そして同時に「誰が私を呪っているのだろう」と、自分を恨んでいそうな人、妬んでいそうな人の顔を思い浮かべて、疑心暗鬼に陥ることだろう。

〝呪いのパフォーマンス〟は過去の遺物となって、文化としてほぼ死んでいると私は思っているけれど、誰かの恨みを買うこと、激しく嫉妬されることは恐ろしい。

もしも呪文や道具を使わなくても、人を死に至らしめるような強い呪いをかけられる者が本当に存在したら、とても怖いことだ。

呪殺された側は、呪われた結果だとは知る由もなく死んでいく。

呪いの証拠は残らないが、呪いをかけた方はすべてを把握している。

もしかすると、そんな呪殺者たちが、本当に存在するのかもしれない。

彼らに恨まれたら最後、私たち凡庸な人間が助かる道はないのだ。


現在三九歳の山上恵子さんは、関西地方の旧家に生まれた。父方、母方、ともに先祖は武家の家柄で、どちらもかつては高台に豪壮な屋敷を構え、明治大正の頃は素封家《そほうか》と呼ばれて、いずれの当主も地域の名士だった。

しかし昭和恐慌の辺りから両家とも斜陽となり、恵子さんの両親が生まれた頃には、旧家といっても内実は火の車、単に家屋敷が古いだけといったていたらくになり果てた。

昔の親には、自分たちが生んだ女の子の教育はおろか飲み食いさせる金すら惜しいというときに、〝女に学問はいらない〟という便利な言葉と、有無を言わせずに嫁がせるという手段が……まったくほめられたことではなく腹立たしいかぎりだが、あった。

この悪習は六〇年代になってもまだ残っていたと見えて、恵子さんの母は一六歳で結婚させられ、一七になる前に第一子を生んだ。男の子だった。

二番目の子と三番目の子もいずれも男児だったが、物心つく前に原因不明の急病で死んだ。初めに生まれた長男と第四子にあたる三つ上の姉、そして末っ子の恵子さんは生き延びた。

恵子さんの最初の記憶は、目の前で悶え苦しむ実父の姿だ。

血の泡を吹きながら右に左に畳の上をしばらく転げまわっていたが、やがて動きが鈍くなり、胎児のように体を丸めて痙攣《けいれん》するだけになった。

静かな座敷の中で、恵子さんは父が断末魔から死に至る一部始終を眺めていた――が、それが実の父だったということすら、そのときの恵子さんにはわからなかった。

まだ三歳だったのだ。人の死も理解できていなかった。

……父はそのうちまったく動かなくなった。母が来て部屋から連れ出されるまで飽かずに遺体を眺めていたようだが、その辺りの記憶は曖昧だという。

父の死後、恵子さんの母は、下の二人の子を連れて、両親が住む実家に戻った。長男はすでに二三歳だったのでこれを機に巣立ち、今後は祖父母と母と姉と恵子さんとで暮らしてゆくことになるかと思われた。

実際に、ごく短い間ではあったが、この五人で一緒に住んだ。

祖父母は出戻った娘に家事の一切を押しつけ、孫娘にも冷淡だったから、幼い恵子さんはひとりで放っておかれることが多くなった。

恵子さんによると、この頃からの記憶は比較的はっきりしていて、一緒に暮らしだしてからしばらくして、祖父と祖母が立て続けに亡くなってしまったことは確かなのだそうだ。

祖父母はどちらも六〇歳そこそこで、まだ死ぬような歳ではなかった。

——それを言ったら実父や二番目と三番目の兄たちは、もっと若く逝ったわけだが。

「死んだとき父は四〇歳ぐらいだったはず」と、恵子さんは言う。

遺産相続に伴う財産整理で、恵子さんの母は実家の地所の大部分を売り払った。母屋だった屋敷ひと棟と二〇〇坪あまりの庭を残して、他は全部手放し、車で小一時間ほど離れたレストランで働きはじめた。

恵子さんは、母が泣いているところを見たことがないのだそうだ。

それを聞いて、普通は「気丈な女性ですね」と感心するところだと思いながら、私は、恵子さんの母の周辺では人が死にすぎるのではないか、と、不気味に感じてしまった。

ただ人死にが多いというだけではない。恵子さんの母親の立場から見て、いると都合の悪い人々が亡くなっているような気がする。

一般的に女の子に比べて育てづらいと言われる男の子たち。

実の娘を女中扱いする両親。

恵子さんの実父にしても、夫婦間に深刻な感情の擦れ違いや暴力が存在することは珍しくないのだし、まだ遊びたい盛りの一六で嫁がされて次々子どもを生まされた、と、彼女が被害者意識を抱いていたとしたら、どうだろう?

恵子さんの母にとって厭な人間が次々に死んでいるのではないか。

ならば悲しまないのは当然だ。これで死んだ人たちに保険金を掛けていたと聞いたら、殺人を疑うところである。

「みんな病死ですよ」と、恵子さんは私の考えを読んだようなことを言った。

「脳溢血《のういっけつ》やクモ膜下出血、心不全。急死したから全員、司法解剖を受けているはずですが、問題にされたことはありません。でも、怪しむ人がいるのも当然です。事実、母については、近所に悪い噂が立つようになりました」

「やはり。タイミングよく死にすぎる気がしましたからね。失礼かなと思いながら、どうしても疑わしく感じてしまいます」

「わかります。だから私は、母にも、憎んだ相手を死なせる力があったのだろうと思っています」

「おかあさんにも？　にも……ということはつまり……？」


恵子さんが五歳のとき、母が再婚した。

新しい父は、すぐに恵子さんに暴力をふるうようになった。若さと逞《たくま》しい肉体以外取り得がないような無職の男だったという。

当時、恵子さんは幼稚園に行かせてもらえず、日中ずっと家にいた。

母はレストランに自家用車で通勤しており、夜にならないと帰宅しない。姉は小学校中学年で、逃げ足が早く、昼間は学校に行っている。

姉と母が出掛けたあとは、家には恵子さんと継父だけになる。

築一〇〇年を超す瓦葺《かわらぶ》きの屋敷の周囲は、広い庭と雑木林。

隣家は遠く、幼い悲鳴は誰の耳にも届かない。

「継父は子どもの頃、親によく殴られていたようで、〝この家にはおまえを殴る人間が誰もいないから俺が殴ってやるんだ〞というのが口癖でした」

「おかあさんは、夫の暴力に気がつかなかったんですか？」

「母は、私の顔がパンパンに腫れていても、真っ黒な痣《あざ》が出来ていても、見て見ぬふりでしたね。継父は母より何歳も年下で、母は彼に夢中だったようです。よくお小遣いを与えていました。金を貰うと外出してくれるので助かりました。真夜中に酔っ払って帰ってきて、母と口論になるのが、うるさくて苦痛ではありましたが、殴る蹴るされるよりマシですから」

「本当にろくでもない男ですね！」

「あるとき、特に酷く殴られたことがあって……。倒れたところを足蹴にされ、体が痛くて動けず廊下の隅に転がっていたら、母が仕事から帰ってきました。継父は母から金を奪い取って出掛けていき、私は横たわったまま、玄関から出ていこうとする継父の背中を見て、この人は要らない、と、思ったんです」

真冬で、朝から雪が降っていた。

継父は一階の廊下で恵子さんをひとしきり殴る蹴るして、動かなくなると興味を失くしたようすになり、鼻を鳴らして立ち去った。

すでに昼下がりだったが、恵子さんは朝食を食べたきり水すら口にしていなかった。しかし空腹は感じず、ただ、寒くて仕方がなかった。暖房のない板敷の廊下に横たわっているのだから当然だ。

茶の間に行けば炬燵《こたつ》がある。それはわかっていた。

しかし、もう這っていく気力がなかった。身体も痛い。

やがて姉が小学校から帰ってきた。だが、恵子さんが目に入らなかったかのように、すぐに二階の子ども部屋に行ってしまった。

近頃、姉は母に倣って恵子さんことを無視するようになった。

ここは玄関につながる廊下で、家に入ってきた瞬間に、倒れている妹の姿が目に飛び込んできたはずなのだけれど……。

――なんて冷たい廊下だろう。それに、とっても暗い。真っ暗だ。

姉に見捨てられて絶望のあまり意識を失ったのか、それとも眠っていたのかわからないが、気がつくと、いつの間にか、夜になっていた。

近づいてくる車の音で目が覚めたのかもしれない。

母が帰ってきたのだ。扉が開き、玄関がパッと明るくなる。

恵子さんは力を振り絞って母の方へ顔を向けた。

母は厭そうに目を背けた。驚いてすらもらえなかった。

そこへ、家の奥からドタドタと足音を鳴らして継父がやってきた。母に金をせびり、母が素直に応じないとなると結局は財布を奪い取って逃げるように出て行く。

その肉の分厚い、大きな背中を見たときだ。

——こんなおとうさんは要らない。

恵子さんは、頭の芯に、廊下の床板よりも硬くて冷たい塊が生まれるのを感じた。氷のような拒絶の結晶。そこから透明な光線が放たれる……ような気がした。

恵子さんの頭に浮かんだイメージの中では、光が両目から飛び出して、あやまたず、継父の背中に撃ち込まれた。

——この世界に、おまえは要らない。

継父が二度と生きては帰ってこないことを、このとき恵子さんは直感した。

「そして、本当に帰ってきませんでした。翌日の早朝、警察から家に電話がありました。道端で凍死している継父が発見されたという知らせでした。転んで頭を打ったようです。気を失っているうちに凍死してしまったのでしょう」

継父が急死してからも、母の恵子さんに対する態度は和らがなかった。

むしろ今までよりもはっきりと三つ上の姉をえこひいきして、恵子さんには辛く当たるようになった。

幼稚園などにも相変わらず通わせてもらえず、衣食の世話もおろそかにされ、よくお腹を空かせていた。

古びてガタがきていてもそれなりに豪壮な屋敷の中で、薄汚れた格好でひもじい思いをしている、ひとりぼっちの女の子。

それが三歳から六歳までの恵子さんだった。

継父が生きているうちは、母に邪険にされるのは、継父のせいだろうと思っていた。

しかし、そうではなかった。「暗い子」「不細工」「出来損ない」「気持ち悪い子」と罵ってくるときの母の顔を見れば、わかる。

——おかあさんは私のことが嫌いなんだ。

グリム童話の《ヘンゼルとグレーテル》は皆さんご存じだと思う。

世界各国で今読まれている普及版では、ヘンゼルとグレーテルを森へ捨てた両親のうち母親は、子どもらと血が繋がっていない継母という設定だ。

しかし、心理学者・河合隼雄の『昔話の深層　ユング心理学とグリム童話』（講談社）によれば、一八四〇年に決定版が編纂・発行される前は、この母親は実母ということになっていたそうだ。
それればかりでなく、グリム兄弟は《白雪姫》に登場する女王（魔女）も継母ではなく実の母親であるとして当初は書いていたのだという。
善なる母性の存在をなんとなく信じているであろう多くの読者に違和感なく受け容れてもらいたいと願うなら、子殺しを企む母親役は実母であってはならなかったのだろう。
しかし現実には、児童虐待事件の犯人には被害児童の実母が少なくない。
河合隼雄氏は同書の中でこう書いた。以下に一部を引用する（原文ママ）。
《実際にわれわれは、実母でありながらコインロッカーに入れ込む例を知っているし、継母でも子どもを立派に養育している例を知っている》
《地母神は同時に生の神であり、死の神なのである。これを示す一例として、日本神話におけるイザナミは、日本の国をすべて産みだした偉大なる母の神であるが、黄泉の国を統治する死の神でもある事実をあげておこう》
《かくて、母性はその根源において、死と生の両面性を持っている》
母からネグレクトと言葉の暴力を受けるうちに、恵子さんは、自分が母に殺されかねない状況に陥ったことを悟った。母にとっていない方がいい家族はみんな死んでいるのだし……。

恵子さんが七歳のとき、母は再び家に男を連れてきた。

亡くなった継父は母の籍に入っていたが、今度は戸籍を弄《いじ》ることなく、内縁関係とした。つまり格好としては死んだ継父と同じことだったから、恵子さんは最初、再び暴力を振るわれるのではないかと恐れた。

しかしこの三人目の男は最初のうち、優しかった。

工事現場の作業員で、早朝に出掛けて、夜は早くに帰宅して、外を遊び歩くこともしない。

「子どもが好きだ」と彼は度々口にしていた。

宿題を見てくれて、一緒にテレビを観て笑い合い、母がクラブに勤めはじめると、恵子さんと姉のために夕食をこしらえてくれた。

ところが、一緒に暮らしはじめて一年ほど経ったある日のこと、夜、恵子さんが下半身に違和感を覚えて目をさますと、男の手指が股間を這いまわっていた。驚いて声も出せずにいたところ、男の唇で口を塞がれ、何がなんだかわからないままに長い時が過ぎた。

「おかあさんとお姉ちゃんには内緒だよ」

これが始まりで、夜毎、玩具にされるようになってしまった。

「水商売を始めてから、母はとても活き活きしていました。母はまだ四〇代半ばで、化粧をするととても綺麗でした。クラブ勤めは性に合っていたようでもありました。でも、ある日、たまたま早く帰ってきて……」

夜の一一時頃だった。窓の灯りが消えていたことから、恵子さんの母は、家族全員が寝たものと考えて、音を立てないように玄関に入った。

すると、暗い家の中のどこかから、奇妙な声が低くかすかに流れてきたのである。

男の囁き声と、切迫した息遣いが……。

「母が襖を勢いよく開けて、部屋に入ってきました」

「助かりましたね」

「さあ……。まだ性器を挿入されてはいませんでしたが、もう一年も玩具にされていましたから、助かったという感じはしませんでした。母と男はすぐに部屋の戸口のところで罵り合いになって、私はベッドの上で縮こまっていました。すると男が言ったんです」

「恵子ちゃんがいるから、おまえみたいなオバサンと一緒にいてやっているんだよ!」

――この男もダメだ。要らない。

こいつが家に居る限り、地獄の夜がずっと続く。

はからずも男の本音を引き出してしまった母が、一瞬、こちらに放った殺意のこもった眼差しも、恵子さんは見逃していなかった。

こいつが存在し続けるなら、嫉妬に狂った母は、いよいよ自分を殺しにかかるに違いない。

——おまえも、消えろ。


彼はその翌日に死んだ。

河川敷の工事現場で、工事作業車が誤作動して、彼がいた斜面の上に大量の土砂を流した。土砂に足をすくわれて斜面を滑落し、川に落ちて流された。下流で発見されたときはとっくに遺体になっていたという。


「これで終わりではありませんでした。一〇歳のときに、母がまた男を引っ張り込んできて、一緒に暮らしはじめたんです。こいつが最悪で……」

「今までの二人だって酷かったじゃありませんか！」

「でも、さらにたちが悪くて、母にも姉にも、もちろん私にも暴力を振るう男でした。しかも私と姉に手を出してきて……。母が見ている前で私を犯そうとしたので死に物狂いで抵抗したら、この男はあきらめて逃げていったんですけど、立ち去る前に私に五〇〇円玉を投げてよこしました。金を払ったんだから文句を言うな、と」

「そのときおかあさんは？」

「男に殴られるのが怖くて黙っていました。しかも、彼が視界から消えるや否や、私の頬を叩きました。おまえが色目を使ったんだろうと言って……。だから私は、この男も要らないと思ったんです」

彼は浴室で転倒して死んだ。倒れるときの物音で異変に気づいた母が駆けつけたときには、すでに事切れていた。恵子さんが〝要らない〟と願った直後の出来事だったという。

彼女は一一歳になっていた。


その後、恵子さんの家は村八分になった。

——数年の間に三人も男を引き込んで死なせた女の家。

——前の当主夫婦も。あの娘が出戻ってきた途端に。

——最初の亭主も。次男と三男も。

そんなふうに集落の人々に噂され、あからさまに避けられるようになったのだ。

いや、前々からひそかに噂されていたのかもしれないが、腐っても鯛、これまでは旧家の威光によって抑えられていたのだろう。

しかし遂にダムは決壊したのである。あの家は〝穢《けが》れ〟であると判を捺《お》され、町中に悪評が広まった。

そこでついに、恵子さんの母は故郷を捨てることを決意した。

集落に居づらくなっただけではなかった。

その頃には、屋敷も根太が腐って傾いてきていた。祖父母の代から火の車で、建物の普請をするどころではなかったのだ。

無理をして住むほどの家でもなければ、土地でもない。そう恵子さんの母は判断したのだろう。何百年も先祖代々暮らしてきた土地だが、それがどうした、と。


恵子さんの話を傾聴しながら、私は日本の伝統的な〝家〟というものを想った。

恵子さんの〝家〟を鑑みると、出ていった長男は帰らず、その他の男は全員死に絶えた。母が連れてきた新しい男は〝家〟を保つどころか、苦しみしかもたらさなかった。

〝家〟は恵子さんたち母子を幸せにはしなかった。

同じように、これまでに〝家〟が不幸にした女たちはいっぱいいただろう。

私には、恵子さんと彼女の母の呪殺する能力は、旧家の断末魔に咲いたあだ花に思えた。女たちの呪いが、悪しき〝家〟の伝統にとどめを刺し、始末をつけるのだ……。

「それからは、母が男を連れてくることはなくなりました。私たちは他県の地方都市でアパートを借りて三人で暮らして……なんというか、今で言う貧困家庭でしたね。高校を卒業するとすぐに独り暮らしをはじめて、少し暮らしが楽になりました。それまではアルバイトしても母にお金を取り上げられていましたから」

「独立されてからは、これまでのような被害に遭わず、平穏に過ごせているのでしょうか?」

彼女が「ええ」と答えたので、この電話インタビューはこれで終わりだと私は思い、いささかホッとした。

私は、だんだんと、話の内容よりも恵子さん自身が怖くなってきていたのである。

恵子さんは私よりだいぶ年下の女性だ。かなり苦労されたのではないかとお察しするが、就職に有利な資格を幾つか取って、堅実に会社勤めをされている。話し方は知的で、たいへん礼儀正しい。

かすかに関西訛りのある共通語。低めで柔らかな声が耳に優しく、どこにも怖がる理由はないと思うのに。

——怖い。

ほら、冷や汗を掻いている。……私は何をこんなに恐れているのだろう? 呪った相手が必ず死ぬというのは確かに恐ろしいし、彼女の話には真実の手ざわりがあった。ここには記せないが、住んでいた集落の名前や恵子さんの母が勤めていた店の名前、二番目の男が死んだ川と彼が携わっていた河川工事、それらすべてが裏取りできて、固有名詞も年代も明らかだ。

超自然的な力で恨みを晴らした、正真正銘の実話奇譚だと思う。

だから恵子さんのことを怖いと思っているのか？

――否。

私は気づいてしまったのだ。恵子さんと私が生物として同等ではないということに。

恵子さんを襲った悲劇。仮に私があのような体験をして、それを誰かに打ち明けるとしたら、半ば無意識に同情や共感を求めて、泣いてしまうだろう。

でも、彼女は違う。悲惨な体験に比して、抑制が利いていて冷静だ……あまりにも。

まるで恵子さんの母のようだ。

なぜ赤ん坊は泣くのか。注意を惹いて同情を得ること、気持ちを慮《おもんぱか》ってもらうことが己を生かすと本能でわかっているからだ。基本的には大人も同じだ。

そして、人は誰しも、下等な生き物に対しては、共感や同情を期待しない。

もしも思うがままに人を呪い殺すことが出来たとしたら、そんな能力を持たない凡人たちを自分と同等だと見做《みな》せるか、どうか。

つまり、下等な私は、彼女から要らないと判断されたら最後なのである。

受話器を握る掌が汗で滑る。両肩がずっしりと重く、背が冷えた。

――このインタビューを電話で行ったのは正解だったな。早く終わらせよう。

「そうですか。非常に興味深いお話を聞かせていただきました。どうもありがとうございました。では……」

「川奈さん、待ってください。まだ続きがあるんです」

「でも、独り立ちされてからは無事に暮らしていらっしゃるのでは？」

「ええ。私は無事です」

「……」

「もしも川奈さんが私の立場だった場合、誰をいちばん憎みますか？」

「……おかあさんでしょうか？」

「そうです。当然ですよ。母は何度も私を見殺しにしました。私には普通の子ども時代がありませんでした。母のせいです。簡単には殺さない。母については、ずっとそう思っていました。……川奈さん、江戸川乱歩の『芋虫』はご存じですよね？」


姉から恵子さんに電話があったのは、二〇歳のときだった。〝脊髄小脳変性症〟という耳慣れない病気で母が入院したと聞かされ、恵子さんは見舞いに行くことにした。

恵子さんを見ると母は怯えて震えあがり、彼女を追い返すように看護師に訴えたという。

脊髄小脳変性症は、進行性の運動失調を伴う難病で、今のところ有効な治療法はなく、発症から約一〇年で死に至ると言われている。

「麻痺が進行する速度には個人差があるそうです。母の場合は少し特殊で、急速に全身の麻痺が進んで、すぐに喋ることもできなくなりました。また、通常その病気では見られないことだそうですが、末端神経に起きた炎症が原因で、手足が指の先から壊死《えし》しはじめました。ちょっとずつちょっとずつ切断していって、お終いには両腕両脚を付け根から失ってしまいました。おまけに目も見えなくなって……。私と姉が交互に付き添って食事を食べさせてあげていたんですよ。もう私を追い出すことも、何を口に入れられても吐き出すこともできなくなっていましたから、いい気味でした」

殺したのだろうかと思い「まさか」と私が思わず口走ると、恵子さんはこのインタビューが始まってから初めて笑い声を立てた。

「ククククッ……。病院にバレない程度に、熱いものを食べさせる程度のことしかやっていませんよ。あとは意地悪なことを囁きかけたり脅したり、ね……。医師の話では最期まで耳は聞こえていたし、頭もはっきりしていたということですから、母は苦しんだはずです。たっぷりと、八年間もね！　八年間ですよ、川奈さん！」

そのときは、恵子さんがなぜ「八年間」と強調したのか、私には理解できなかった。

しかし今、この稿を綴りながら、その意味がようやくわかった。

彼女が母と男たちに苦しめられた期間は、三歳から一一歳まで。
つまり、そう、八年間だったのだ。

母という人

長野県長野市の病院で寝たきりになって久しかった母方の祖母が、いよいよ危ないと聞かされたのは、今井槇子さんが三〇歳のときだった。

当時、槇子さんは夫と神奈川県相模原市で暮らしていた。まだ子どもは生まれていなかったが、将来のことを考えて買った二階建ての家に住んでいた。そのときは深夜零時を少し回ったぐらいで、夫婦揃って早寝早起きの習慣なので、すでに二人とも二階の寝室で眠りに就いていた。

しかし、槇子さんは、ふと、目を覚ました。

——何か聞こえる。

なんの音だろう、と、横たわったまま耳を澄ましてみると、どうやらシャワーの音のようだ。一階の浴室でシャワーを使う音が聞こえてきているのである。

これは異なこと。なぜなら夫はそこで鼾《いびき》をかいて眠っているのだから。

シャワーを出しっぱなしで寝てしまったのだと考えた。

水道代やガス代がもったいない。止めに行かなくちゃ……と、彼女は仕方なく、眠気の残る身体をひきずって一階の浴室へ向かった。

浴室に近づくと、凹凸ガラスの戸が暗く、灯りが点いていないことがわかった。

シャワーは勢いよく出ている。槇子さんは浴室の戸に手を伸ばした。そのとき、

「気持ちいいなぁ。あったかい」

祖母の声が浴室の中から聞こえてきた。本当に気持ちがよさそうな声だ。

驚いてドアを開けたら、シャワーは止まっていた。灯りを点けると、今の今まで誰かがシャワーを使っていたかのように床が濡れていることがわかり、空気が温かく湿っていた。

明くる日、朝食のときに、槇子さんは夫に訊ねた。

「昨日、私が眠ったあとにシャワーを浴びた？」

「ううん。昨夜はシャワーを浴びずに寝ちゃったよ」

するとそこへ、親戚から電話が掛かってきて、明け方に祖母が息を引き取ったことを知らされた。

そこで昨夜聞いた祖母の声を耳に蘇らせると共に、槇子さんは、三歳の頃に聞いたあれらの声も、この世のものではない声だったのでは……と、思うようになったのだという。

一九八〇年の夏のことだった。当時三歳の槇子さんは、両親と三人で神奈川県のアパートに住んでいた。市街地と農業地帯の境い目にあり、梨畑や水田を望みつつも、最寄り駅の向ヶ丘遊園駅までは徒歩一〇分という子育てに向いた立地の住まいだ。後から考えれば、このとき母は妹を妊娠していたのだが、その頃はまだお腹の膨らみが目立たず、性別もわかっていなかった。「赤ちゃんがお腹にいる」という話は幼い槇子さんも聞いていて、それなりに理解していた。

その頃、3LDKのアパートのあちらこちらから話し声が聞こえてきて、声の方に行くと誰もいないということがよくあったのだ。

槇子さんには、いつも誰かの独り言のように思えたけれど、そのときどきで声が違った。大勢の人が代わる代わる槇子さんたちのアパートを訪れては、何か独り言を呟いているかのようだった。

そして、こんなことが起きた。

その夜は、いったん仕事から帰ってきた父が飲み会に出掛けてしまい、槇子さんは母と二人で蒲団を敷いて寝たのだった。

いつもはベッドで寝ていたけれど、ベッドを置いている洋間にはクーラーを取り付けていなかった。

熱帯夜だった。扇風機では我慢できない暑さなので、母はエアコンがある和室に客用の蒲団を敷き、そこで槙子さんと寝ることにしたようだ。

この部屋は一階にあり、蒲団を敷いた和室の掃き出し窓はアパートの駐車場に面していた。砂利を敷きつめた露天の駐車場で、コンクリートの塀で囲まれているから、窓からの眺めは実に殺風景なものだったが、部屋に出入りするには便利だ。高い塀で視界が遮られているけれど、塀の向こうは自動車販売店で、駐車場の片方の端は幹線道路に接し、反対側には雑木林があった。

母は寝る前に掃き出し窓の雨戸をしっかり閉ざした。窓の上に付いた横に長い嵌め殺しのガラス窓には雨戸が無く、そこから夜空が覗いていた。

クーラーを緩く点けて二人でひとつの蒲団に横になった。薄い夏掛け蒲団とタオルケットをお腹に掛けて、素足を空気に晒すと心地よく、次第に眠気が萌《きざ》してくる。

……ジャリッ、ジャリジャリ……。

駐車場の砂利を踏む音が聞こえてきた。すぐに大勢の人の気配が掃き出し窓の向こうに満ちた。

「ママ、外に何かいるよ」

槙子さんが言うと、母は枕から首だけちょっと起こして、「何も聞こえないよ」と言った。

しかし、そのうち外の人々が雨戸を叩きはじめた。何人もが一斉にバタバタバタバタと両手の掌で雨戸を叩きまくるので、とんでもない騒音になった。

母もこれには気がついて、槇子さんを胸に抱き寄せた。槇子さんも「怖いよ」と、母にしがみつくと、母は二人の頭の上に夏掛け蒲団を引き上げた。

「何にも聞こえない！　聞こえないよ！」

聞こえない振りを強いられたとわかると、かえって恐ろしくなり、いったい何が起きているのかと、蒲団の外も気になった。

槇子さんは、蒲団の端から目だけ出して掃き出し窓の方を窺ってみた。

バタバタバタバタバタバタバタ！　バタバタバタバタバタバタバタ！

嵌め殺しのガラス越しに、幾つあるのかもわからない、たくさんの白い掌が見えた。

バタバタバタバタとガラスを叩いている。

槇子さんはワッと泣きだした。

――いつの間にか、泣きつかれて眠ってしまったようだ。

目が覚めると、隣に父が蒲団を敷いて寝ていた。

「パパ、起きて。あのね、昨日の夜、そこの窓をね……」

「やめなさい」

振り向くと、怒った目をした母の顔があった。

「黙って。静かにしなさい」

母はキツい性格で、叱るととても怖かった。槇子さんは口をつぐんだ。

しかし、雨戸を開けた掃き出し窓から駐車場を眺めると何の痕跡も見られない。また、地面からこの部屋の床まで、三歳の槇子さんには跨《また》いで上がれないほどの高さがあるのだ。

――掃き出し窓の上のガラスまで手が届く人なんているのかな？

納得がいかないので、どうしても黙っていられず、父が出勤した後で、母に昨夜のことを話そうとした。すると母は「酔っ払いが来ただけだよ」と誤魔化した。

「でも……」と、槇子さんが尚も食いさがると、

「そういう話はやめましょう」

と、怖い顔で言った。


長じるに従い、槇子さんは母を敬遠するようになった。

母は、総合病院の精神科や脳神経外科の看護師で働き者だったが、家にいるときは始終、人の悪口を言っていた。母が気に入る人間が果たしてひとりでも此の世に存在するのか、と、疑いたくなるほど、母にかかると誰でも彼でも悪罵されるべき最悪の人物になってしまうかのようだった。子どもであろうとも容赦はなく、槇子さんの友だちが遊びに来ると、家にいる間は良い顔をしておいて、みんなが帰った後で散々に罵る。

それだけでも母を苦手とする理由になるが、さらに気味の悪いことに、母が「死ねばいい」「酷い目に遭ってしまえ」などと誰かについて呪詛の言葉を吐くと、それがやがて現実になるのだった。

母が悪口を言っていた人が事故や病気で亡くなるのを何度も目の当たりにするうちに、槇子さんは交友関係を母に知られてはいけないのだと悟った。

母の、ほとんど全方位に向けられた憎悪は、やがて自分の夫に向かっていった。

妹が生まれた頃から不仲になり、幼稚園児の槇子さんの前で凄まじい夫婦喧嘩を繰り返すようになった。

父の留守中に呪詛を吐いている母を見るのは、幼心にも辛かった。

小学校に上がる直前に、母が槇子さんと妹を連れて別居を志したのは、家族全員のために良いことだった。三人でマンションで暮らしている間は、「顔がパパに似ている」という理由で槇子さんを母がチクチクと苛める以外は、それなりに平和だった。

けれども、しばらくすると、父がアパートを引き払ってきて、再び一緒に暮らすようになり、母の父に対する呪詛も再開してしまった。

一二月の土曜日のことだった。朝、そのとき一〇歳の槇子さんが着替えを出すために簞笥《たんす》の引き出しを開けようとしたら、把手ごと引き出しの前面の板がスポッと取れてしまった。

「こんなふうになるなんて、あり得ないよ！」

妹も不思議そうにして、「どうやったの？」と訊ねた。妹は小学一年生になっていた。

「普通に軽く引いただけ……」

なんとなく不吉さを感じたが、こんなことに引っ掛かっている余裕もなく、慌ただしく支度をして登校した。

そして昼に姉妹揃って帰宅して、槇子さんが手を洗っていると、妹が「パパ！」と叫ぶ声がした。

「どうしたの？」

「パパがまだ寝てる！」

両親の寝室に行くと、妹の言うとおり、父がベッドで仰向けに寝ていた。

蒼白な顔で、瞼《まぶた》を閉ざし、唇を嚙み締めている。揺すって起こそうと思い、肩に触れたら感触が硬く、違和感を覚えた。

「パパ！　パパってば！　……おねえちゃん、パパ起きないね」

「お水を飲ませたら起きるかな？」

「やってみよう！」

妹と二人で父の唇をこじあけて水を飲ませようとしたが、どうしても口が開かない。

四苦八苦しているところへ、父が勤めている会社から電話が掛かってきた。まだ出勤してこないので連絡をしたとのことで「どうされていますか?」と訊かれたから、槇子さんはありのまま、「学校から帰ってきたら青い顔をしてベッドに寝ていて、揺すっても起きません。唇を噛み締めていて、水を飲ませようとしても口が開きません」と状況を説明した。

——電話の向こうが一瞬シンとした。

「今から誰か行かせるので、もうおとうさんには触らずに、家で待っていなさい」

そこで妹と大人しく待っていたところ、先に母が帰宅した。

その頃、母は看護師の勤務シフトを調整して、土曜日は昼食の支度をするために午後一時までに帰ってきていた。

母は父を見ると顔色ひとつ変えずに、慣れた手つきでバイタルチェックをした。次に、父の引き出しや鞄を探り、間もなく銀行の預金通帳を見つけると、厳しい表情で中を検《あらた》めはじめた——その間、ずっと無言だった。

槇子さんと妹も、母の雰囲気に呑まれて黙っていた。

電話を切ってから二〇分後に父の会社の人が駆けつけて、父をひと目見るなり、ベッドの足もとで合掌して目を伏せた。

そのようすを見て、槇子さんは父が死んだことをはっきりと悟った。

検死解剖の結果、父の死因は脳溢血で、午前四時頃に息を引き取っていたことがわかった。引き出しの前板が把手ごと取れたあのとき、父は誰にも気づかれないまま、すでに死んでいたのだ。槇子さんは衝撃を受けつつ、父は自分の死を知らせたかったのだろうかと考えた。

槇子さんの母も四年前に亡くなったとのことだ。

「六五歳でした。最期は私が看取ったんですよ。まだ娘が四歳で手が掛かるから気が進まなかったんですけど、一戸建てに住んでいて部屋が余っていましたし、妹は定職に就いていなくて経済力が……。病院や親戚に説得されて、私が家に引き取って介護しました。

率直に言って、母の面倒をみるのはとても厭でした。

父の死後、母は私に暴力を振るうようになりました。浴槽の水に頭を突っ込まれたり、髪を摑んで引きずり回されたり。

母は、妹のことは可愛がっていました。

私は父に似ているので、母は、私の中の父をずっと憎みつづけているようでした。

短大を卒業して就職すると私はすぐに家を出ました。そして、母は祝福してくれませんでしたが夫と結婚して幸せに過ごしてきました。子育てをしながら介護をするのは大変でしたが、誠心誠意、死んでゆく母に尽くしました。今は、すべきことをやり遂げた自分を誇らしく思います。

……そう言えば、祖母が亡くなったときは不思議なことがあったのに、母のときには何も起きませんでした」

家と家族

ただいま。おかえりなさい。いってきます。
じぶんち。おばあちゃんち。おじちゃんち。
子どもの頃に帰ったり訪れたりした懐かしい家は、何処ですか。
ああ、あの家だったら、住んでいた人ごと幽界に移築されたそうですよ。
火事で焼けたのは、座敷童が逃げてったせい。
一家が安泰なのは屋敷神《やしきがみ》のお陰。
艮《うしとら》の座敷で寝てはいけません。
ご先祖さまをお祀りすると、きっと良いことがあります。
どうして。どうしても。
……昔日の、おうちがだんだん遠くなります。お空に夕べの星が出ました。
お帰りになれますよ。こちらへどうぞ。
坂道になっておりますので、お気をつけて。

音さすても見ねぁ

山形県の日本海沿岸地域には、朝日山地、出羽三山に囲まれた平野部があり、庄内地方の名で知られている。このたび、庄内地方の二大都市の鶴岡市と酒田市にある二軒の家にまつわるお話を聴いた。

私は、父が一時期、山形大学で教鞭を執っていた頃に父を訪ねるついでに庄内地方を旅行したことがあり、取材しながら、当時見た風景などを胸に蘇らせないわけにはいかなかった。

庄内旅行で最も心に残っているのは最上峡の川下りだ。

《五月雨をあつめて早し最上川》

松尾芭蕉が『おくのほそ道』に書いた有名なこの俳句は、一六八九年の春から夏にかけて芭蕉が弟子を伴い江戸から奥州、北陸道を旅行する中で、最上川の川下りをした折に舟中で詠んだとされている。ちなみに初案は〝あつめて涼し〟としたところが、梅雨時の増水時であったため、ことのほか川の流れが速く〝涼〟を〝早〟に書き直したそうである。

実際、最上川は日本三大急流のひとつにも数えられており、途中には流れが激しいところもある。私が体験した最上川下りは、芭蕉一行にちなんで、約一二キロを一時間ほどかけて船頭の舟唄を聴きながら最上峡の光景を楽しむコースで、全体としてはゆったりと下りつつ、たまに遭遇する急流が程よいアクセントを添えていた。当時は存在しなかったが、今では、芭蕉が乗船した本合海《もとあいかい》船着場からスタートして一行と同じ清川で下船する『おくのほそ道』の最上川行を忠実に再現した川下りコースもあるようだ。

芭蕉一行が下船した清川は、現在の酒田市と鶴岡市の境にある、庄内町の清川地区に当たる。ここから芭蕉は出羽三山を目指し、羽黒山に参じた後に、当時の鶴ヶ岡城下へ至った。

一九八〇年生まれの阿部絵美さんは、二〇〇五年に酒田市に組み込まれた松山町に生まれ、母方の祖父母の家は鶴岡市で商店を営んでいたという。

涙をあつめて人の時は流れる――絵美さんの体験談には、天が下した理不尽な仕打ちに耐えながら生きる家族の歴史も垣間見られた。怪異もまた、数ある理不尽のひとつだった。


絵美さんが生まれた松山町は、酒田市の一部となって失われた町だ。地図で確かめると、今の酒田市の沿岸部の北端に位置する。絵美さんの生家はそこで畑作などを行っていた。

第二次大戦で子どもをすべて失った夫婦が、老境に入ってから縁戚の伝手を頼って家の後継者を探し、その結果すでに成人していた絵美さんの母が養子になり、夫となる人を婿入りさせることで、家の存続を図った……という特殊な事情が一家にはあった。

だから絵美さんの祖父母は両親のどちらとも血縁はないが、母とは遠い姻戚関係で繋がっている。そして、成人してから養子になった母は、鶴岡市の里方との関係を保ったので、絵美さんには母方の祖父母が二組、存在することになった。

父は遠く関東圏から入り婿した人で、わけあって実家との縁が薄かったため、絵美さんが「じじちゃん、ばばちゃん」として認識したのは、彼らだけである。

絵美さんが三歳のときに母が流産してしまい、絵美さんはひとりっ子として大切に育てられた――家の存続を願って養子を取った祖父母にとっては、唯一の孫である絵美さんが、たいへん大事だったであろうことは想像に難くない。

絵美さんは幼少時、身体が弱く、いわゆる腺病質な子どもだったので、幼稚園には通えず、小学校に上がるまでは友だちもいなかった。

祖父は、絵美さんが物心つく前に老衰で寝たきりになった。孫を片時もそばから離そうとせず、赤ん坊の頃の絵美さんはいつも蒲団で寝ている祖父の周りでハイハイしていた――と、後々、絵美さんは母から聞かされたそうだ。絵美さんの記憶は五歳ぐらいから始まっており、それ以前のことはほとんど憶えていないのだという。

最も古い記憶は、夕方、祖母と二人で居間にいるときに聞いた、玄関の引き戸が閉まるピシャーンという音だ。

この家は古い建築様式に則って建てられた木造の平屋で、詳しい記録は残っていないが相当に時代がついていた。玄関や勝手口の扉は引き戸で、庭を望む居間には縁側の付いた掃き出し窓があった。玄関は土間で、上がり框が縁側のように突き出し、上がったところにガラス障子があり、開けたところが居間なのである——北関東から東北地方にはこのような民家がひと昔前までは珍しくなかった。

祖母は日中はほとんど居間におり、虚弱体質の幼児であった絵美さんも長い時間をこの居間で祖母と共に過ごした。祖父は、絵美さんが三歳になる前に亡くなっていた。父は勤めに出ていて、母は畑の世話や家事で忙しく、絵美さんの相手をするのは祖母しかいなかったのだ。

興味深いことには、玄関の引き戸が閉まるピシャーンという高い音を、絵美さんは小学三年生ぐらいまで、週に五、六日も、決まって午後五時頃に聞き続けたのだという。

小学三年生の秋頃に改築工事を施して、モダンな二階建ての家に生まれ変わると、この音は聞こえなくなった。三年生といえば八歳か九歳だから五歳から四年間近くも、毎日と言っていいほど頻繁に、しかも定まった時刻に聞いていたことになる。

ただし居間にいるときしか聞こえなかった。

さらに、玄関の引き戸を開ける音はせず、必ず閉まる音だけがした。

そして、この音を共に聞いている祖母の言動も、判で捺したかのように毎回同じだったのだが、これが幼い絵美さんには理解しがたかったのだという。

祖母は、玄関の方で引き戸が閉まる音がすると、いつも絵美さんにこう命じたのである。

「ほれ、絵美ちゃ、おどはんが帰ったすけ玄関どご見てけれ」

しかし父が帰宅するのは夜の八時過ぎである。それでも祖母の頼みであるから、絵美さんは居間のガラス障子を開けて玄関の方を確かめる。だが、やはり誰も来た形跡はない。

「おどちゃ、いねよ」

これを五歳のときから儀式のように繰り返したわけだが、やがて小学校に入学して知恵がついてくると、絵美さんは祖母に反論を試みるようになった。

玄関が閉まる音は相変わらずで、夕方五時頃にピシャーンと鳴り、祖母も「おどはんが帰ったすけ、玄関どご見てけれ」と命じるのだが……。

「おどちゃではねぇよ。おどちゃが帰ってくる時間ではねんだの」

あるとき思い切って、絵美さんはこう事実を述べた。そして「いねがらやんだ（おとうさんは玄関にいないから厭だという意味）」とガラス障子を開けることを拒んだ。

すると祖母はみるみる顔を歪ませて涙ぐんでしまったのだという。

そこで絵美さんは祖母を悲しませないために仕方なく、玄関から引き戸を閉める音がする度に、ガラス障子を開けることになった。

「んだがら、おどちゃでね」

――父ではないだけではなく、此の世の人ですらない何かが、開きもしない引き戸を閉めて透明な身体で玄関に佇んでいるのかもしれなかった。

「ほんね（違う）。おどはんだ。よぐたねで（よく探して）」

なんぼたねでも……と、絵美さんは思ったけれど、祖母がかわいそうなので黙っていた。


私は、絵美さんの祖母が言う「おどはん」は、絵美さんの「おどちゃ」ではなく、彼女が物心つく前に亡くなった祖父だったのではないかと推察する。祖母にとって祖父は連れ合いで、夫婦で子育てをしていた時期から「おどはん」「おがはん」と、お互いに呼び合っていたのではないだろうか。彼らの子どもたちも「おどはん」と呼んでいたことだろう。しかし子どもは全員、戦争に命を奪われた。「おどはん」は可愛い孫の成長を見守ることも叶わなかった。さぞ無念で心残りだろう……と、私が絵美さんの祖母の立場なら考えるに違いない。


絵美さんの母は、絵美さんを生む前、この家の養子になって間もない頃に、こんな出来事に遭ったことがあるそうだ。

家の畑で農作業をしていて、ふと顔を上げたところ、そばの物置小屋の前に白装束に身を包んだ人が佇んでいた。

死人に着せる経帷子《きょうかたびら》のような衣裳である。強い違和感を覚えて注目すると、途端に、姿が消えた。母は腰を抜かすほど驚き、気を取り直すとすぐに母屋に走っていって、祖母に今見たことを報告した。

祖母は、なぜか平然と受け留めた。そして母に物置小屋の片付けを言いつけたそうである。そこで母が物置小屋の中を整理したところ、第二次大戦中の戦没者の遺品をいくつか見つけた。祖父母——つまり母にとっては養子縁組をした義理の両親が、亡くした子どもたちの遺品を物置小屋に置いていたのである。

白装束の幽霊の物に違いないと絵美さんの母は確信したが、長年そこに置いてあったということに何か意味があるのかもしれないと考えて、祖母に差し出口をすることは控え、再び物置小屋にしまった。

それからも時折、同じ場所に白い着物姿の人影が立ったが、何か悪さをするでもなく、いつもすぐに消えてしまった、と、話していたそうだ。

絵美さんのもうひとつの祖父母の家は、鶴岡市にあった母の生家で、こちらの家は代々、商店を営んでいた。

鶴岡市は庄内藩の城下町として江戸時代から栄え、創業三〇〇年を超える老舗商店が珍しくない。昨今も、従来の農業や養蚕業などに加えて、六つの海水浴場や温泉、羽黒地区の出羽三山などを観光資源として活用する他、バイオ系ベンチャー企業の誘致を積極的に行うなどして、県内二位の人口を有する。

この鶴岡市の祖父母の家に遊びにいくと、必ず聞こえた音があったという。

一家が営む店は表通りに面している。家は二階建てで、鰻の寝床のような縦に長い造りだ。通りに面した一階の表側にはいわゆる〝なんでも屋〟と鮮魚店があり、その奥に広い厨房があって、そこで仕出し料理の注文を請けては調理をしていた。厨房から先が居住空間で、家の者たちは店の方を〝表〟、自分たちが住んでいるスペースを〝裏〟と呼び習わしていた。

そして、鰻の背骨のように表から裏を貫いて、真っ直ぐな板敷の廊下が設けられていた。

――その廊下を、表から裏へ向けてダダダダダッと足音が駆け抜ける。

それは絵美さんが五歳の頃から小学二年生ぐらいまでのことだった。その時期、絵美さんの両親は毎週日曜日になると、絵美さんを連れて三人で鶴岡市の母の生家を訪ねていた。家族で住んでいる家からそこまでは車で片道三〇分の距離である。たいてい午後三時頃に到着して日没前に引き揚げたが、絵美さんだけ残って一泊することもあった。

到着してしばらくして、表から裏へまっしぐらに走っていく足音がしたので、絵美さんが立ちあがって廊下に面した引き戸を開けた。だが、左右を見回しても誰もいない。

たいがいそういうときは、居間にみんなで集まっている。引き戸の上半分はガラス窓になっていたから、廊下を走る者があれば、誰かが目撃して指摘しそうなものである。

しかし大人たちは互いにサッと目を見交わすだけで、誰も何も言わず、廊下を見に行こうともしなかった。

絵美さんは不審に感じつつ、再び引き戸を閉めて、みんなと居間で歓談しだした。

すると再び、表から裏へ、さっきと同じ向きに足音が駆けていくではないか！

そこで絵美さんはまた引き戸を急いで開けたのだが、やはり廊下に人影はなく、何の痕跡も残されていなかった。

さらに、少し時間が経つと、またしても廊下を誰かが疾駆していった。そしてやっぱり大人たちはなぜか無視を決め込んだ。だから今度も絵美さんが引き戸を開けようとした。

と、突然、後ろから強引に身体を抱き寄せられた。

振り向くと、母が怖い顔をしていた。

絵美さんを膝の上に抱え直すと、「行ぐな」と、強く命じる。

絵美さんにはわけがわからなかった。

こういうことが何度かあり、ついにしっかり絵美さんに言い聞かせておかねばならないと母は決意したようだ。ある日、鶴岡の祖父母の家を訪ねる前に、絵美さんの両肩を掴むと厳しく説いた。

「ばばちゃの家《え》さ行《え》で、なんでかんで聞ごえたとすても見に行ぐでね！」

「なしてごしゃぐの？（どうして怒るの？）」

「……ごしゃげてね。音さすても見ねぁ。廊下さ限んね。なんたら駄目だの（絶対駄目だ）」

鶴岡市の祖父母の家の二階には、本や漫画が詰め込まれた書棚が何架も置かれていた。

母は三人きょうだいの末っ子だった。二階にはかつて三人の居室があった次第だが、絵美さんが遊びに来ていた頃には物置のようになっていた。

絵美さんは、ここに、よく読むものを探しにいった。お陰で絵美さんは字を覚えるのが早く、読書が好きな子になった。

しかし母はそれに対して、あまり良い顔をしなかった。

なぜなら二階からも頻繁に怪しい物音が聞こえていたから……。

物を引き摺るような音。歩きまわる音。

二階にまだ誰か住んでいるかのような気配を感じるときもあった。

しかし、「音さすても見ねぁ」という母の戒めを絵美さんは守った。

音がしないときに、サッと二階に上がって本を選び、一階に持ってきて読んでいた。

絵美さんは高校生の頃に、こんな夢を見たのだという。

夢の中で絵美さんは、自分のうちで初めはくつろいでいた。ただし、小学三年生のときに改築した今の家ではない。玄関の扉が引き戸になった昔の平屋の建物で、絵美さんはガラス障子のついた居間にいるのだ。

しばらくすると、玄関の引き戸がピシャーンと鳴り、ハッとして振り向いたときには誰かがガラス障子を開けて、絵美さんがいる居間に押し入り、止める間もなく廊下へ走り抜けていった。

突然の侵入者だ。絵美さんは慌てて廊下に飛び出し、後を追い駆けた。

後ろ姿を見ると、女である。

お年寄りのようだ……なんだか鶴岡のばばちゃんに似ている。着ているものの感じがそっくりで、そう思ってみると、体つきや髪型も、あっちのばばちゃんそのものだ。

廊下の突き当たりに裏口がある。それは裏口の戸を開けた。絵美さんは間近に迫っている。

手を伸ばして捕まえようとする……と、それがヌメッとした動きで振り返った。

粘土を貼りつけたかのように、顔が灰色に塗りつぶされ、目鼻も口も判然としなかった。

この夢について絵美さんは、

「高校のときに慕っていた国語の先生に、こんな夢を見た……と話したら、作文にすることを勧められたので、今でもとてもよく憶えています。結局、恐ろしすぎて何も書けなかったんですが……。このときは目が覚めたら金縛りに遭っていて、しかも首を絞められる感覚があり、苦しくて苦しくて、意識を失いかけたら、金縛りが解けたんです。今、こうしてお話ししていても、腕に鳥肌が立ってしまうくらい怖かった……」

と、語っていた。

鶴岡市で絵美さんの生家が経営していた商店は、彼女が中学生の頃、店主だった祖父が亡くなったことを機に閉店し、今は跡地に違う建物が建っているそうだ。

鶴岡に残された祖母も、母を養子にした方の祖母も、とうに亡くなったのだという。

しかし、時に押し流されて永遠に喪われた家族と二つの家の影は、絵美さんの胸の内に遺されている。

ばあちゃんに逢いたい

菅原澄玲《すみれ》さんは六歳まで、北海道千歳市の古い市営住宅に両親と住んでいた。

そこは一戸につき一階と二階が繋がった二階建てで、高度経済成長期に特に近畿地方で流行した〝文化住宅〟と同じ様式の建物だった。今なら〝メゾネット〟タイプの集合住宅と称されるだろうが、澄玲さんが暮らしていたのは、文化住宅時代の遺物で、一九七八年生まれの子どもだった澄玲さんの目にも、如何《いか》にも古い建物だと映ったという。

屋根を瓦で葺いた木造で、五軒が棟続きとなってひとつの建物を成し、各個に小さな庭が付いていた。間取りは一階が水回りと茶の間、二階は六畳二間。二階の一室が澄玲さんの部屋、もう一室が両親の寝室だった。

澄玲さんが四歳のある晩のこと。

いつも通りに午後八時ぐらいにベッドに入り、しばらく眠っていたのだが、意識が次第に水面に浮上して、目が覚めてしまった。澄玲さんは熟睡するたちだ。こんなことは珍しい。

横向きに寝ていた澄玲さんの目に最初に映ったのは、青い闇に沈んだ室内の景色だった。

そして視線の真っ直ぐ先には白い犬のぬいぐるみがあった――向こうの壁際に置いた棚が、その子の定位置なのである。

長毛種の小型犬を模した全長四〇センチばかりのぬいぐるみで、左右の目のところに樹脂製のプレートが縫いつけられている。そのプレートにはマンガ的な表現で瞳の輝きが印刷されており、ゴワゴワした化繊の毛並みといい、中途半端に写実的なせいで奇形めいた身体つきといい、四歳の澄玲さんの目にもちょっと古臭いセンスに映る、そういう玩具だ。

当時は八二年頃で、すでにサンリオが七四年に発表した《ハローキティ》を始めとするキャラクターグッズが発売されだして久しかった。翌八三年の東京ディズニーランドの開園で本格化するのだが、大人の鑑賞にも耐えうる垢抜けたキャラクターグッズのぬいぐるみが、この頃、次第に流行りはじめていたのである。

――ちなみに、黒いボタンのような目の中に小さな十字形や円を青や白で描いた、手ざわりの悪い白い化繊の小犬は、幼児期の私の宝物であった。つまり六〇年代末から一九七〇年前後にポピュラーだったスタイルのぬいぐるみということになるから、流行遅れは否めない。

澄玲さんにとって、その子はいちばん大事なぬいぐるみではなかった。

ただ、これが彼女の部屋のいちばんの古株ではあった。

年月を反映して、白い毛並みはだいぶ薄汚れており、目の中の星も印刷が剝げかけている。

——その目が、突然、瞬きをした。

瞼が無い、樹脂製のプレートの眼である。

しかし、パチパチと、二、三回も瞬いた。

澄玲さんは、今のはなんだろう？　と、思ってじっとその子を見つめた。

でも、もう瞬きしなかった。どう見ても古ぼけた小犬のぬいぐるみにすぎない。

そのうち再び眠たくなってきた。睡魔が頭の奥の暗いところからやってきて、澄玲さんの意識を沈めようとしはじめた。

気持ちよくうとうとしはじめた……と、いきなり、誰かが首を絞めはじめた。

喉が苦しい。息が止まる。

しかもなぜか声が出ない。これではおかあさんやおとうさんを呼べない。

——かあさぁん！　とうさぁん！　助けて！　助けて！

なんとしたことか、目も開けられない。

暗い宇宙に放り出されて孤立無援の状態なのだと気づいた途端、真っ黒な恐怖に包まれた。

——助けてぇ！

心の中で必死に叫び続けるうちに、やがて喉の圧迫感がフゥッと和らいできた。

そして間もなく澄玲さんを苦しめていたものは完全に去った。

そこで目を開くと、ふんわりした綿菓子みたいな白髪のばあちゃんが枕もとに屈んでいて、澄玲さんの頭をそおっとそおっと撫でていた。

包み込むような温かさを感じさせる表情で、どこにも角が無い柔和な顔立ちをした、ばあちゃんである。

澄玲さんの知らない人だった。

優しい手つきで澄玲さんのおでこから邪魔な前髪をどけて、微笑みかけてくれた。

でも、知らない人なのだ。

澄玲さんは驚いた。今度は声が出せた。

「ウワアッ！　かあさぁんッ！」

途端におばあちゃんの姿が、蠟燭の炎を吹き消したかのように静かに消えた。

と思ったら、すぐに慌ただしい気配を引っ提げて、隣の寝室から母が飛んできた。

「どうしたの！　何があったの！」

「かあさぁん……あのね……あのね……」

筋道立てて説明するのは、幼い頭には難しかった。それでいて何か普通ではない現象が起きたことは本能的に感じ取れていた。

結局、出てきたのは、こんな言葉だった。

「……怖かった」

母は肩の力を抜いた。そして澄玲さんに抱きついて頬ずりをした。母はシャンプーやリンスみたいな清潔な匂いがして温かく、そんなふうに抱っこするだけで澄玲さんの不安を素早く取り除いた。

「怖い夢を見たんだね。しばらくここにいてあげるから、安心して眠りなさい」

澄玲さんは素直に目を瞑《つむ》った。

すると、母に打ち明けることが出来なかった言葉たちが頭の中で渦を巻きはじめた。

——白い小犬のぬいぐるみがパチパチパチッて瞬きしたの。

——誰かに首を絞められた。苦しかったんだよ。

——あのばあちゃんは誰なんだろう。白髪がフワフワしてたんだよ。

明日になったら、かあさんに全部お話ししよう。そう思いながら澄玲さんはまた眠りの海に沈んでいった。

澄玲さんは母方の祖母の顔をまったく知らなかった。ずいぶん前に亡くなっているとは聞いていたけれど、叔父の家の仏壇には祖父の遺影しか飾られていなかったのだ。

中学生になったある日のこと、澄玲さんは母から、実は祖父母は、母を含む三人の子どもを残して夫婦で心中したのだと打ち明けられた。

両親が死んだとき、澄玲さんの母は中学生だった。二人の叔父は、まだ小学生。彼らは、後に三人揃って道内の篤志家に引き取られ、養子として育てられた。

——祖父が中風を患って収入が途絶えたために、祖母は将来を悲観していた。そのため遺書は残されていなかったが、当時は、それが心中の動機だと決めつけられた。そして、祖父は寝たきりで弱っていたので、世間では二人の自死を、祖母による無理心中事件だと捉えた。だから母方の祖母の写真は、親戚の誰かがすべて処分してしまって、遺影も無い——

「いつかは話さなければいけないと思ってた」と、母は澄玲さんに言った。「あんたと同じ年頃に私は孤児になった。けど、あんたのばあちゃんは心優しい人だった。嘘でないよ」

そのときすでに、澄玲さんたち家族は、古い文化住宅風の市営住宅から一戸建ての家に引っ越していた。前に住んでいた建物は老朽化による取り壊しが決まっていたのである。

転居は小学一年生のときで、その際に白い小犬のぬいぐるみは捨ててしまったようで、新しい家に住んでからは、見かけていなかった。自分で捨てたのかどうかは憶えていない。白い小犬は二度と瞬きをせず、その後、澄玲さんはあの子に対して急速に興味を失ってしまったのである。

けれども、白髪のばあちゃんの顔は、はっきりと憶えていた。

澄玲さんは、あれは心中した祖母なのではないか、そして白い小犬のぬいぐるみは、もしかすると母が祖母に買ってもらったものだったのでは……と、考えた。

しかし、この推理を母に話そうとすると、なぜか喉が絞めつけられるように苦しくなるので、四〇歳を過ぎた今に至るまで母に訊けずにいる。

だから再びあの人が現れたら「私のばあちゃんなの?」と問いかけてみたいのだという。

二人のハルキ

もう二〇年も前のことになるが、鎌倉市の長谷寺を訪れたとき、一説によれば千体を超えるという水子地蔵の赤い風車たちが、私が近づいた途端、風も無いのに一斉に回り出した。

水色の空の下、ひよこ色をした萩の花が咲きこぼれていた。風車は棒立ちになった私の前でしばらく回りつづけた。堕胎や死産の覚えがなく、まだ子どもを生んだこともなかった当時の私がそのとき感じた気持ちは浅く、言ってしまえば恐怖だった。

今なら違った感慨を抱くだろう。

この体験談を傾聴している間、私の脳裏でかつて長谷寺で見た光景が再演されていた。赤い風車がカラカラと回り、空の色まで淡くて儚かった。終わらない祈りのような風車の回転。あれらを回していたのは誰の心だったろう。亡き子を想う親、親を求める子、その双方のせめぎ合いで此の世ならぬ風が生じたものならば、何を恐れることがあるだろう。

してぉく。

彼女は名前のせいでよく男性に間違えられるのだという。この稿では仮に石田春希さんと

春希さんは現在二七歳で、今では自分の名前が気に入っているが、子どもの頃は、なぜ男の子みたいな名前にしたのかと親を責めたこともあったそうだ。

亡くなった兄のことを知ったのは一二歳のときだった。

「小学六年生の終わり頃のことでした。なんで私は春希なの、と、母をなじったら詳しく経緯を説明されて……。私には兄がいたそうです。でも兄は生後間もなく亡くなってしまったんですって。それから一年経たずにまた妊娠したので、母は兄と同じ名前をつけたいと思い、同音異字のこの名前にしたということでした。母によると、それまでにも何回か私に死んだ兄について話したはずだ、と。だけど私は死んだ兄について聞いた憶えは、そのときまでありませんでした。記憶から押し出してしまっていたのかも……」

春希さんは子供の頃、〝ハルくん〟という男の子とよく一緒に遊んでいた。

「うちにしょっちゅう遊びに来ていて、家族旅行などにもついてきたので、幼馴染だと思ってました。その子の名前もハルキで、知り合ったのは四歳ぐらいのとき。幼稚園の砂場で遊びながら名前を訊いたら、その子がハルキって答えたんですよ。私もハルキだよ、同じ名前だねって話したのを憶えてます。でも、それまでにもハルくんと遊んだことがあったような

……うっすらと記憶があったんですよ、四歳のそのときすでに。だから仲良くなるのは早かったですね」

春希さんは、当然、みんなにもハルくんが見えるものだと思っていた。彼女にとってハルくんは、他の子たちと同じように存在した。

「ハルくんのことを人に話したことも、数えきれないくらいあります。小学校低学年まではスルーされました。今も私は滑舌が悪いのですが、子どもの頃は物凄く舌足らずでしたから、今にして思うと、私が自分のことをハルくんと呼んでいるのだと誤解されていたのでしょう」

幼い春希さんが、たとえば公園でハルくんとブランコをして遊んだことを誰かに話すときに、「ハルくんとブランコした」と言っても、「ハルくんて、誰?」と訊き返す人はむしろ少なく、みんな勝手に、「ハルくん、ブランコした」と聞き違えたようだ、というわけだ。

「ただし、両親はわかっていたそうです。特に母はハルくんに何度か会ったことがあると、私が一二歳のとき、兄について話すついでに、打ち明けてくれました。最初は私が赤ん坊の頃で、ベビーベッドのそばでうたたねしていたら、赤ん坊の笑い声で目が覚めて、声がした方を振り向くと、床をハイハイしてたそうなんです。自力でベッドから這い下りたのかと思って一瞬驚いたけど、ベッドを見たら私が寝てる。ハイハイしていた辺りを探してみたら、もう赤ん坊の姿は消えていた……」

その後もハルくんは、春希さんと母の前に頻繁に姿を現した。

「父は見たことがないそうです。でも、ハルくんの存在は感じていて、私がハルくんと遊んだと言っても、疑うことなく、そうなんだろうな、と……。実際、両親からハルくんの存在を否定されたことがありません。母に、お祓いしようとは思わなかったのかと訊ねたら、そんなことしたら、私とハルくんが可哀そうだと思ったと言ってました。両親とも、ハルくんは優しい子で、何も悪さをしないようだし、きっといつか満足したら成仏するのだから、それまで好きにさせておいてあげましょうと話し合って、水子供養もしなかったそうです」

春希さんがハルくんのことを人に話さなくなったのは小三の夏だった。

同級生三、四人と市民プールに行った折に、プールサイドでハルくんを見つけたので「ハルくーん！」と大声で呼び掛けたところ、他の子たちに気味悪がられたのだという。

「そんな子いないよって。幽霊だって言われて、ショックでした。でも、気づいたらハルくんはどこかに行ってしまっていて……」

それからは、ハルくんに会うことが滅多になくなった。

市民プールの一件の後、春希さんの心の中には、ハルくんは友人たちの言うとおりで幽霊かもしれないという疑いがときどき萌すようになった。

しかし、その都度、本当はいないだなんて、そんなわけがないと思い直したのだった。

「一緒にクレヨンで絵を描いたこともあったんですよ？　おやつを分け合ったり、砂場で遊んだりしたことも。その頃は、ハルくんが描いた絵がまだ家にありました。幽霊にクレヨンが握れますか？　砂場でトンネルが作れますか？」

けれども、次第に春希さんは成長した。一〇歳にもなると、ハルくんが普通の子どもではないと思うようになった。ひとたび気がつきはじめたら、彼には山ほどおかしな点があった。

「ハルくんの家がどこかもわからないし、おかあさんやおとうさんが夕方になると迎えにきたこともない。うちに遊びに来たときも、私と一緒に玄関から入るか、いつの間にか上がり込んでて、帰るところを見たことがないなって……」

ハルくんを最後に見たのは、小学五年生のクリスマス・イブだった。居間のクリスマスツリーの飾りを点灯したら、樅《もみ》の木の向こう側に現れた。春希さんが「あっ」と声を上げると、ハルくんは素早くツリーの後ろに隠れた。春希さんは急いでツリーを回り込んでハルくんの姿を探したが、もう跡形もなかった。

このことを春希さんは両親に話さなかった。

なぜなら、ハルくんは幽霊か何かに違いないけれど、そんなものがいると認めるのは普通のことではないと思ったから。

一三歳の春希さんに死んだ長男について話したとき、彼女の母は、春希さんが一年以上、ハルくんに会っていないようだと気がついていたと言い、いつでも水子供養できるように準備していたと打ち明けたのだという。

そして、中学校の入学式直前に、家族三人でハルくんの水子供養をしに行ったそうだ。

「両親が水子地蔵を注文したりご祈禱の予約を取ったりして、鎌倉のお寺に行きました。ハルくんについて、その後は長い間、何事もなかったんですが、最近になって不思議なことが起きました。ハルくんの〝きかんしゃトーマス〟の青いトレーナーが実家のクローゼットからひょっこり出てきたんです。一昨年、実家をリフォームする準備で、片づけを手伝いに行ったときに見つけました」
七、八歳のときに、家族で富士急ハイランドに行った折に、春希さんのとお揃いで購入したものだったそうだ。
「母の話では、富士急ハイランドに着いてみたら思っていたより寒かったので、私に着せられるものを探して売店に行ったところ、赤と青のトーマスのトレーナーを売っていた、と。そこで赤い方を売店で手に取ると、そばにハルくんが立っていたんですって。だから色違いで二着買って、その場でハルくんに青い方を着せてあげたんだそうです」

その話を聞いて、春希さんは、富士急ハイランドで〝きかんしゃトーマス〟の青いトレーナーを着たハルくんと〝トーマスランド号〟に乗った記憶を蘇らせたのだという。

「あの日だけは、売店で会ってから後は、母にもずっとハルくんの姿が見えていたんだそうです。トレーナーを買ってもらったことが嬉しかったんでしょうね、ハルくん。トーマスの青いトレーナーはハルくんが私たち家族と共にあった証として、母がどこかに大事に保管しているのでないかと思います。ハルくんの想い出が残る家をリフォームするときに出てきたのも、偶然ではないでしょう」

——これほど恐れられず愛された幽霊も珍しい。ハルくんも幸せだったのでは。

問題の部屋

平成から令和に元号が改まるにあたり、男性皇族が少ないことから将来的に女系天皇を認めるか否かについても議論された。女性天皇と女系天皇の違いや男系天皇の歴史については、専門家による読み物を参照していただくとして、ここでは、四〇〇年以上、男系のみで継承されてきた旧家出身の女性から聴いた、実家で体験した怪異について綴りたいと思う。

……それにしても四〇〇年以上というのは凄い。

系図や古文書など証拠が残っているだけで約四〇〇年ということだから、ひょっとすると安土桃山時代からあった可能性もある。

四〇〇年ジャストで計算しても、取材時は二〇一八年だから……一六一八年。元号で表せば元和四年。二年前に徳川家康が没し、徳川秀忠が将軍だった時期である。

件の旧家は、一七世紀初頭のその当時、豊川稲荷の門前町として、また東海道五十三次の御油《ごゆ》宿と赤坂宿を有する宿場町として栄えた東三河に根を下ろして、長男に跡を継がせるという男系ルールを守りながら今に至ったわけである。

聞けば、男系に継がせることにこだわるあまり、親戚から養子を取ったこともままあったそうだから、男系原理主義を貫くのも容易ではなかったはずだ。

つまり長い歴史の間には、無理をしたことが相当あった。

そして、無理は祟るのだ。

愛知県の神谷美香さんは、二重の意味で古い家に住んでいた。

四〇〇年を超えて家父長制を保ってきた農家というのが、一九八八年生まれの美香さんには前時代の遺物のように思われた。そして家族と暮らしている建物も〝古民家〟と呼ばれる類の純日本家屋で、築二〇〇年に迫っていたのである。

家族の掟も〝北東の部屋では寝てはいけない〟という時代錯誤も甚だしいものだった。

この家の一階の中心には大黒柱が立っており、これを囲んで四つの座敷が設けられている。いわゆる〝田の字型〟の間取りである。「田」の中心点が大黒柱だと思うとわかりやすい。襖を取り除くと中心に柱がある広間に変身する構造で、農家によく見られた建築様式だ。

四つの座敷は、南東（巽《たつみ》）、南西（坤《ひつじさる》）、北東（艮《うしとら》）、北西（乾《いぬい》）という方位に従って造られることが多く、たいがい坤の座敷に仏壇が置かれた。美香さんの家では、この仏間の対角線上にある艮の部屋で寝ることが禁忌として遥か昔から強く戒められているというのだ。艮は鬼門とされ、最凶の祟り神〝艮の金神〟がこの方位に封じられているとして古くから恐れられてきた。しかし美香さんは、そんなことは知らなかった。

寝たらどうなるかは、わからない。寝るとは眠るという意味なのかも不明である。

物心ついてからずっと美香さんは、そんな掟に縛られることに不満を覚えていた。とは言え、厳しく言い渡されてきた規則を破るのは怖い。小学六年生の夏休み中のある日、問題の部屋で昼寝してしまったのは、宿題の途中で寝オチしただけで、故意にやったことではなかった。

……まあ、眠気が萌して卓袱台につっぷした瞬間に「昼寝なら大丈夫だろう」と侮っていたことは確かだが。

気がついたら頬や両腕の下にあった卓袱台の天板や夏休みのドリルの感触が無かった。仰向けに横たわっているようだ、が、辺りは真っ暗――と、思いきや大きな音が鳴り響いた。

バーン！

途端に、自分の身体の上に円いライトが六つ点灯した。非常に強い光で、眩しくてたまらない。こんな感じの照明器具を少し前にテレビドラマで見たことがある。

――あっ、こういうのが江口洋介の「救命病棟24時」に出てきたわ！

外科手術のシーンで、と、思い出したら、ハッカ色の手術着を身につけてマスクをした大勢のドクターが自分の周りに現れた。

少なくとも一〇人はいそうだ。全員同じ格好だ。手術帽、手術着、白い手袋、大きなマスク。ポーズも同じだ。掌を胸の方に向けて両手を掲げ、ピン、と、背筋を伸ばして立っている。手術されてしまいそうだ、と、危機感を覚えた。しかし麻酔が効いているのか身体が動かず、逃げられない。焦っていたらお臍《へそ》を中心にしてクルクルと回転しはじめた。

いつの間にか、自分は大きな板に乗せられており、ドクターたちが注視する中、それがレコードのように回っているのである。

次第に回転速度が速まった。

――ヤバい！　殺される！


「美香ちゃん、美香ちゃん！　起きなせゃ！」

グラグラと肩を揺すられ、悲鳴をあげながら飛び起きると、祖母が姿勢を崩して畳に手をついたところだった。起きた拍子に自分が弾き飛ばしてしまったのだと美香さんは気づいた。

目の前に、やりかけの宿題と卓袱台があった。

「夢だったのか……」

「えらいうなされてたに。ここで寝ちゃああかんよ！」

祖母の表情は真剣そのものだった。「あかんがね」と繰り返す。

「なんか怖い夢を見たわ」

「次は夢では済まんかもしれんでね」

美香さんは高校を卒業すると就職して独り暮らしをはじめた。下宿は実家から自動車でも公共交通機関を用いても片道一時間ほどのところにあるので、気軽に里帰りできる。

ちょくちょく帰ってきていたが、一九歳の九月半ば、土曜日から第三月曜日の《敬老の日》にかけて実家に滞在した折に、うっかりして例の部屋でうとうととしてしまった。

本格的に寝入る前にハッとして起きたら、何事もなかった。

――なぁんだ。昔、悪夢を見たのはたまたまだったんだなぁ。

そこへ、近所に出掛けていた祖母が帰宅したので、美香さんは若干得意になって報告した。

「おばあちゃん、さっきここで眠りかけたんだけど、平気だったわ」

「えっ！　寝てはあかんと言ったのに！」

「でも、今回は変な夢も見なんだもの」

「……まんだわからんに。しばらく身の回りに気ぃつけなせゃ」

その晩は、南東の茶の間で、祖父母、両親、四つ年下の弟と《敬老の日》の食卓を囲んだ。心ゆくまで家族団欒を楽しんで、実家を車で発ったのが夜の九時半。と、いうことは、実家と下宿のちょうど中間にある一畑山薬師寺《いちはたさん》の前に差し掛かったのは一〇時頃だろうか……。

急に、悪寒がした。

その日は九月にしては朝から蒸し暑く、名古屋地方気象台の発表によると最高気温が三〇度を超えていた。日没後も気温が二〇度を切ってはいないと思われるのに……寒い。

全身の震えが止まらず、美香さんはハンドルを握り直した。

氷のような冷気が身体の芯からゾクリゾクリと突き上げて止まない。

奥歯がカスタネットのように鳴っていることに気がついて、只事ではないと思った。

――あの部屋で寝そうになったせいかな。

しかしその後、次第に悪寒が引いてきて、下宿に到着したときにはすっかり治っていた。

明日は会社に出勤しなくてはならない。もしかすると風邪の引きはじめという可能性もあると考え、すぐに休んだ。

美香さんの下宿は二階建てアパートの二階で、外階段の真ん前に部屋の玄関があった。外階段は金属製で、人が上り下りする音が室内にまで響く。二階の住人の足音で目を覚ましたことはこれまでにもあった。

誰かが外階段を上ってくる足音が、美香さんの意識を呼び覚ました。カンカンカンと落ち着いた足取りで上がってくる……と、この部屋のドアをガチャリと開けて中に入ってきた！

驚愕して起きあがろうとしたが、全身まったく動かせない。だからそちらを振り向くことも出来なかったのに、そのときの美香さんには、なぜか玄関の光景がはっきりと視えた。

玄関に白い脚がニュッと立っている。視線を上げると、素っ裸の若い女だとわかった。女は、裸足で玄関から部屋にあがってきた。そして美香さんの部屋にやってきて枕もとに佇むと「こんなところにおったんだ」と、呟いた。

その声に「おねえちゃん」と、美香さんに呼びかける声がエコーのように被さった。

美香さんは、言い知れぬ恐怖を感じて、必死で動こうとした。死に物狂いで頑張るうちに身体の自由を取り戻し、途端に辺りが明るんだ。枕もとの目覚まし時計を見たら朝の六時になっており、水の匂いがする、と、思って窓の外を見たら、雨が降っていた。

美香さんは早生まれなので、四歳年下の弟は、学年では五つ下になる。美香さんが就職して家を出た年に、中学二年生だった弟は、どういうわけか、一ヶ月も問題の部屋に蒲団を敷いて寝起きさせられていた。

美香さんは二一歳のときに、実家で弟から聞いてそのことを知った。

驚いて「何もなかった?」と、弟に訊ねると、弟はしかめ面をしてみせた。

「一ヶ月の間、ずっと幽霊が出てきた!」

——家の北側にある雑木林から人魂がその部屋に飛んできて、頭にペタリと吸いついてはなれず、脳に侵入しようとしていることがわかる——

「これが最初の夜から毎晩だったわ。どえりゃあ気分が悪なって真夜中に目が覚めるんだけど、その度にトイレに駆けこんで吐いてた」

「よう一ヶ月も我慢したね」

弟の話では、その時期、他の部屋はすべて改修工事に取り掛かっていて、母屋で使える部屋はそこしかなかったのだとか。

恐らく艮の金神に障ることを避けて、そこだけは工事しなかったのだろう。金神（祟り神）は土を動かされたり修繕されたりすることを嫌う。この禁を犯すと〝七殺〟といって家族七人が祟り殺され、家族が七人に満たないときは隣家の者も死ぬと言い伝えられていた。

一家の禁をわざわざ破って、そこに弟を寝かせた理由も、おそらくそこにある。つまり、艮の金神に対して、リフォーム工事中でもこの部屋だけは手を入れていないことの証を立てる必要がある、と、祖父母が考えたのではないか。

しかし、もちろん美香さんたちは、そんなことは知らないわけで……。

「僕の安全より家の都合が優先とか酷いがや！　でも一ヶ月目に、人魂が初めて人間の格好で来たんだわ。寝とったら鼻先に何かが掠めるような気配がして、目を開けると、知らない女が至近距離から僕の顔を見下ろしとったで、気絶した。……それで、ここで寝るくりゃあなら家出するっておかあさんたちに宣言したら、僕も離れに移れることになったんだ」

知らない女が現れたと聞いて、美香さんは胸底が厭な感じにざわつくのを覚えた。

「……どんな女だったの？」

「若い女。おねえちゃんと同じぐりゃあか少し下。僕より年上」

「ちょっと待って！　それって、たぶん私の下宿に来たのと同じ幽霊だ！」

思わぬ発見に興奮して、美香さんは早口で下宿で体験した怪異を弟に報告した。

すると弟は、「おねえちゃんはその程度で済んだけど、僕はあの子の後で生まれたで、どえりゃあ嫌がらせされたんだわ」と、述べた。


その四年ほど前に、美香さんたちは、自分たちには堕胎されたきょうだいがいる旨を祖母から打ち明けられていた。聞いてすぐに二人で母に詰め寄って、事の次第を確かめてもいた。

――美香さんの母は、美香さんを出産してから一年経たないうちに次の子を妊娠した。すると祖父母は「赤ん坊を産んだばっかで身体が弱っとるときに授かった子だで、まともに育たんかもしれん」という曖昧な理由で美香さんの母に堕胎を迫った。

特に祖父が出産に強く反対した。当主である祖父の意見には誰も逆らえなかった――。

こうした経緯を聞いていたので、北東の部屋で寝るという禁忌を犯したときに現れた幽霊は母に産んでもらえなかった真ん中の子だろう、と、弟は考えたのだった。

「自分は中絶されたのに、僕は生まれたわけだで、僕に嫉妬したんだわ」

「私は、おねえちゃんって呼ばれた」

「ほれ見ろ！　絶対、水子の霊だ」

「……私の年子の妹だったんだね。生きとったらハタチだわ。かわいそうに」

この後、美香さんは、母に、堕胎した子の水子供養をしてほしいと頼んだ。

「わかった。ずっと気にはなっとったのよ。ご供養しましょう」

「よかった。それにしても、どうして中絶してまったの？　家父長の言うことだで……なぁんて、二〇年前だとしても時代遅れだったでしょう」

「まあね。だけど美香がまだ赤ちゃんで世話が大変だったで、おじいちゃんたちにいろいろ言われると心がぐらついて、最後には折れてまったんだよね。でも、手術を大学病院で受けたら、そのとき研修医さんたちが一〇人くりゃあおかあさんを取り囲んどったのよ！　どえりゃあ厭だったで、もう二度と中絶なんかせんって思ったわ」

——一〇人の研修医に取り囲まれた？

瞬時に、ハッカ色の手術着を着たドクターたちの姿が頭に浮かんだ。

そう。小学六年生の夏休みに、問題の部屋で見た悪夢は、母が体験した堕胎手術の再現だったのだ。

それからしばらく経った、美香さんが二二歳の春のこと。

就職したときに父から贈られたオルゴールが、手を触れもしないのに突然鳴った。

美香さんは、これは虫の知らせに違いないと思った。今やかなりな高齢になる祖父母を咄嗟に心配して、母に電話で二人のようすを訊ねたところ、

「おばあちゃんたちは元気だけど、昨日、水子供養しに行ったわ」

と、母が応えた。

そういう次第で、美香さんの実家の仏壇には水子の位牌が新たに加わり、一方、艮の部屋で寝ることは今もタブーとされているのだという。

鉄道の夜

木暮結花さんの母が自殺したのは、彼女が三歳半の頃のことだった。

天与の才を与えられた声楽家だったのに、美声を生んだせっかくの喉に激毒性の農薬を流し込んで息絶えてしまった。一九六三年のことだったから黄燐系の殺鼠剤もパラチオンも手に入った。まだ二〇代で、とても綺麗な人だったのに。

音大で教鞭を執っていた父に美しさを見込まれて求婚され、母は大学を卒業して間もなく結花さんを生んだ。母が自死したときすでに父は五四歳で、結花さんの弟はまだ赤ん坊だったので、定年が間近な男やもめが乳幼児を育てることの困難を恐れ、ただちに子どもたちを養子に出した。

そこで実の両親との縁が切れた。運の悪いことは続くものだと言うが、弟と結花さんをまとめて引き取ってくれる養父母がすぐに見つかったのはいいとして、今度の母は子どもたちを殴ることに躊躇《ちゅうちょ》のない人だった——現代であれば児童虐待と呼ばれるであろう暴力の数々を受けて結花さんは育った。

ただし継父はやり手の弁護士で、代々の資産も受け継いでいたから、暮らし向きは豊かだった。神奈川県横浜市に家があったので、小学校から高校までは横浜市内の名門女子校に通わされた。そこは歴史あるミッション系の私立中高一貫校及び系列の小学校で、躾《しつけ》に厳しいことでも知られていた。ここで植えつけられた「心身を清らかに保ちなさい」との教えは、後々、結花さんを苦しめた。

幼い頃から華やかで可愛らしい顔立ちをしていたせいか、生来の自己愛の薄さにつけこまれたものか、小学生のうちから小児性愛者につけ狙われたのだ。自分はすでに穢れてしまった、と、子ども心に思うような出来事もあった。学校のシスターの戒に背いた……こうなる運命だったんだろうか……と、結花さんは悩んだ。

運命という言葉には魔が宿っており、何かを運命だと信じたときから、それが本当に運命として定まっていくものだ。

結花さんの場合は、母の死から数奇な運命が始まってしまった。まず、遺伝子に呪いがかかっていたとも言える——実は私は結花さんを知っているのだが、彼女は只事ならない美貌の人である。彼女は既刊の拙著『実話奇譚　奈落』の「人形」という話に登場する——。

次に、母の死の瞬間に立ち会ったこと。

結花さんの母は、幼い娘の目の前で農薬を飲んだのである。楽な死に方ではなかった。血の泡を吐いて苦悶するさまを、命の火が消えるまで、まだ三つの結花さんが見届けたわけである。

結花さんは、母の亡骸を撫でさすっているところを発見された。

そして彼女は〝視える人〟になった。結花さんは重度の近眼だが、霊の顔は裸眼でも視えるのだという。

結花さんが一七歳のときのこと。七月の盆の入りの夜、自宅のベッドで眠っていたところ、誰かに揺すり起こされた。目覚めると同時に脳裏に映像が溢れた。

――木枠の三段窓より外は、一面、漆黒の闇に塗りつぶされていた。

丸いグローブ付きの白熱灯が黄ばんだ光を辺りに広げている。

この深海みたいな藍色をしたモケット張りのロングシート、蒲鉾《かまぼこ》天井、ニスで仕上げた木製の壁……。どれも幼い頃に目にしたことがあるような気がして懐かしい。

これは電車だ。家のある横浜から何処かへ、何処からか横浜へ移動する折、こういう車両に乗ったことがある。

そして今も乗っている。いつの間にか……。

シスターに躾けられたとおりに固く膝を揃えてシートに座っている自分の正面に、同じように四角四面な腰掛け方をした青年がいる。両手を膝に置き、微動だにしない。ベージュのトレンチコートを着ている。コートの着方がなっちゃいない。〝ボギー〟のように着崩さなくちゃ駄目。そんなふうに胸もとまでボタンを留めてベルトをしっかり締めたら、私の如き一七の小娘の目にだって、つまらない人間みたいに映ってしまう。

……どんなに血を流したって、感心してあげないよ。

青年には頭が無かった。実体が存在するのは顎から下だけ。下唇の辺りから上は、車窓の暗闇に溶け込んでいる。

傷口から溢れた大量の血液が、音もなくモケットに染み込み、彼の周囲のシートを黒く染めてゆく。

彼は、物凄く静かに座っている。身体が揺れないわけは、電車が止まっているからだ。これでは何処へも行けやしない。では、このまま二人でずっとここに？——

「厭だ！」

と、叫んだ途端にパチッと映像が消えて、見慣れた自室の景色と入れ替わった。

まるで、宮沢賢治『銀河鉄道の夜』の一説《ほんとうにジョバンニは、夜の軽便鉄道の、小さな黄色の電燈のならんだ車室に、窓から外を見ながら座っていたのです。車室の中は青い天蚕絨《びろうど》を張った腰掛が、まるでがら空きで、向こうの鼠色のワニスを塗った壁には、真鍮の大きなぼたんが二つ光っているのでした》のような幻視の状景だったが、細部まで臨場感に充ちていた。あれは本当に存在した電車だろうと結花さんは考えた。

そして、あの青年も……。心あたりが無いわけではなかった。

継父には何人かきょうだいがいるが、いちばん下の弟が二〇歳前後で鉄道自殺をしたと結花さんは聞かされていた。

母親に溺愛されて育ったせいで心が弱かったのだ、と、継父は嘲っていたものだ。

しかし、継父は一九二五年生まれであり、その弟は一九三〇年生まれで亡くなったのが一九五〇年前後ということを考えると、二人とも第二次大戦の戦中戦後の激動期に耐えねばならなかったということがわかる。

裕福な家に育てば育ったなりの苦悩や苦労もあったことだろう……。結花さん自身がそうであるように。

結花さんの継父の弟が自死した頃——一九五〇年は〝湘南型電車〟が生まれた年だ。それまで国鉄では電車を都市近郊での短距離運転用と見なしていたが、戦後復興に伴って通勤通学者の移動ニーズが増えたため、客車列車並みの長大編成で長距離を走る車両形式・80系を開発した。〝湘南型電車〟は、結花さんの継父の一族が住む横浜を含む東海道本線の湘南地域を走ることにちなんだ愛称である。

当時の電車の客室内部のようすについては、その頃最もポピュラーだった63系の経緯を参照するとわかりやすい。

63系は一九四四年から一九五〇年までの間に実に八三七両も量産された通勤形電車で、終戦後の資材不足が解消されるに従って内装が整えられていったのだ。

一九四八年からは、座席に藍色の布（モケット）が張られ、天井の白熱灯照明にはグローブが取り付けられた。車両側面の窓は三段に枠で区切られており、下段と上段が開閉できた。この頃の車両はいわゆる〝木枠車〟で、蒲鉾型の天井や壁面、扉、窓枠などは木製であった。そこに、社会が豊かになるにつれて美しい塗装が施されるようになっていった。

――結花さんが幻視した車内の光景とピタリと合致するではないか。

話は脱線するが、63系は表面をどれほど綺麗に化粧しても、内部構造は極端に簡略化された戦時設計車であって、基本的な構造に欠陥があった。

それが一九五一年に横浜市の桜木町駅構内で起きた大惨事に繋がった。

破損したパンタグラフがショートを起こして車両に施された塗装に火花が着火、扉が自動化されていたことが仇となり、木製の車両は一気に燃え盛る棺桶と化したのである。小さな三段窓は脱出困難で、内装にも可燃性塗料が用いられていたために、犠牲者一〇六人は生きたまま火葬されたも同然だった。

結花さんは、継父の死んだ弟を夢で見たことを、継父母に話した。すると彼は電車に飛び込んで自殺した際にトレンチコートを着ていたことがわかった。

「トレンチコートなんて、戦後五、六年目の当時は我が家にとっても贅沢品だった。末の弟を甘やかしていた母が買ってやったんだよ。弟は遺書を残さなかったが、可愛がってくれた母が病死して間もなく命を絶ったのだから、後追い自殺だったのだと思う」

そのとき継父と継母はすでに結婚していた。

継母は棺に納められた遺体のようすを憶えていた。

「身体は五体満足でほとんど無傷だったんじゃないかしら。でも、頸から上が真っ白な包帯で全部隠れていてね……。顎の裏側や後頭部まできっちり包帯が巻かれていたっけ」

それを聞いて結花さんは、彼は下顎から上を失っていたのではないかと思ったのだという。

結花さんが、あの青年は継父の弟なのではないかと推測したように、結花さんの継父にも思い当たることが別にあり、彼女が視た青年は自分の弟に違いないと確信した。

継父の実家と本家の菩提寺にある墓所は、寺との付き合いも含めて、彼のいちばん上の兄が継いだ。ところが十数年前、この兄が家の財産を持って愛人と駆け落ちしてしまった。

残された妻子は自分たちを捨てた夫であり父である者への恨みのために、本家の墓のことなど知ったことかという態度を取るようになり、長兄の駆け落ち以前は行われていた各種の法事の連絡も、継父のもとに届かなくなっていたのだ。

件の長兄には息子がいたため、法事や本家の墓の管理について差し出た真似はしづらく、親族全員がおかしなふうに遠慮するうちに、一〇年以上も墓が放置されていた次第である。

その墓に、鉄道自殺した末弟のお骨も納められていた。

「墓に何かあったのかもしれない」と継父は言って、本家の菩提寺を訪ねた。

そして住職に過去帳を調べてもらったところ、ちょうど今年が二七回忌法要の年に当たることが判明した。

「お嬢さまの夢枕に立たれたということは、お知らせがあったということでしょうから、そちらで弟さんの二七回忌を執り行ってみては如何でしょうか。また、次の三三回忌法要は清浄本然忌と申しまして、亡くなった方が諸仏の位に上がられるので、祖霊として改めて御祀りしなくてはなりません。それをもって年忌止めと致しますので、是非に……」

と、このように菩提寺の住職は年忌法要を結花さんの継父に取り仕切ってもらいたいようだった。だが継父は「ひとまず検討させていただきます」と応えるに止め、とりあえず墓所の修繕を依頼すると、住職に読経してもらいつつ本家の墓に手を合わせて、末弟の魂の安寧を祈ったのだという。

結花さんによると、法要はどちらも結局やらずじまいになったそうだが「継父の末弟については、それ以降は何も視えず、怪しいことも起きませんでした」とのことだ。

七福神の宴会

松崎歩美さんは、幼い頃、母と二人で京都に住んでいたことがある。そこで同じ家に暮らしていた人たちが、後に〝おとうさん〟と〝おねえちゃん〟になるとは、当時は理解していなかった。

母とその男性がいつの間にか入籍していたことを歩美さんが知ったのは、小学二年生のときだった。歩美さんが小学校に入学する直前に、男性は母の実家の婿養子に入って義理の父に、その連れ子は義理の姉になっていたのである。

二年生に進級すると同時に、母の実家がある神奈川で四人で暮らしはじめた。すると祖父母や親戚からいろいろ話を吹き込まれて、そのような事情がおおむね呑み込めた次第だった。

その年のお盆の頃のことだ。

歩美さんと姉は、父の郷里である京都に遊びに行き、伯母の家にしばらく滞在した。

伯母というのは新しい父の姉のことだ。会ったことがあるにはあったが、どんな人なのかそのときまで知らなかった。両親に連れていかれたら、御殿のような大豪邸に住んでいたので歩美さんはびっくりした。母と二人きりだった頃のつましい生活を憶えていたし、四人家族となってからも飛躍的に豊かになったわけではない。こんな大金持ちの親戚がいたのは意外であった。

聞けば伯母の夫は土木関係の会社を経営していて、一九八六年のその頃は、伯母が「ほんまに恥ずかしいかぎりどす」と、嬉しそうに話す程度には収益を上げていた——つまり途轍《とてつ》もなく儲かっていたようだった。

熊の剥製や虎の敷物、浦島太郎に登場するような大きな海亀の剥製が飾られた華麗な室内は、なんとなく一流旅館の趣もあった。今にも下足番が出てきそうな広い玄関から、伯母の先導で長い長い廊下を歩かされて、姉と二人で階段を上った。

その階段の一段ごとに、小さな木彫りの仏像が置かれていた。

「上り下りしはるときに落とさへんように気ぃつけてや。おじはんが大事にしたはるさかい。毎朝しとつしとつ磨いてから会社に行くんよ。アハハ。難儀な人どすやろ」

仏像はどれも格好が違っていたが、全部ピカピカに磨き込まれており、精緻な彫刻が見事だった。

「お庭にお稲荷はんと巳はんの祠もあるさかい、後でお参りに行ってきよし。信心しはると商いがあんじょういくんやって。あんたはんたちも成績がよおなるかもしれへんよ」

　二階に着くと、階段にいちばん近い八畳の和室に通された。もう蒲団が二組敷かれている。

「うちにおるときはここを好きに使《つこ》うてや。横の襖を開けたら隣は高校生のおにいちゃんの部屋やから、難儀なことがあれば、おにいちゃんに聞きよし。こんうちには四人子どもがおるんよ。せやかてみんな、あんたはんたちの遊び相手になるには育ちすぎてしもた。明日はどこぞ連れてったるさかい、今日んとこは二人で遊びよし」

　確かに、四人のいとこは全員ハイティーンで、歩美さんと姉の遊び相手には大きすぎた。夕食のときに顔を合わせると、「可愛いわぁ」とか「歳いくつ?」とか完全に子ども扱いされた。

　高校生のいとこはニヤニヤしながら「わしんとこの隣の客間に泊まるんでっしゃろ。あの部屋は……出るんやで」と二人をからかった。

「出るってなんが?」と、歩美さんの姉が訊ねると、

「そりゃあ出る言うたら決まってるやないか。オバケどすえ」

　と、怖がらせようとして、伯母にたしなめられた。

「やめよし！　こないなちっさい子を怯えさして、どないしはるん。オバケやおへんよ。うちとこは座敷童がおるん」

「せや、うちにおるんは座敷童どす。お客はんには悪さしはるから気ぃつけてな」

「あんたちゅう子は、また……」

「せやかて出るんやからね、ほんまに！」
――怖ッ！　おばちゃんも「出えへん」て言わへんねん！

歩美さん姉妹は「真っ暗にするのんはやめとこう」と話し合い、その夜は天井の電灯の豆球を点けて蒲団に入った。

襖の隙間から明かりが漏れており、隣の部屋のいとこが起きていることがわかって、少し心強かった。高校生のいとこは受験勉強をしているとのことだった。毎晩深夜零時過ぎまで机に向かっているそうだから、もしも怪しいものが現れたときは、叫べば襖を開けて助けに来てくれるだろう。

両親は二人を送り届けただけで立ち去ったから、知らない人ばかりに囲まれて、歩美さんは心細かった。姉だけが頼りである。幸い姉は賢くて、本をいっぱい読んでいるから物識りだ。訊けばなんでも教えてくれる。歩美さんは姉がまだ眠らないうちに、気になっていたことを質問した。

「おねえ、座敷童ってどないいなの？」

姉はフフッと笑った。「怖がっとったん？」と言うので、歩美さんは正直にうなずいた。

「安心しぃな。怖いもんちゃうさかい。お金持ちんちに憑いてるらしおっせ。座敷童がおる家は繁盛して、いぃひんようになると落ちぶれるんやって」

「ほな、このうちがお金持ちなのは座敷童のせい？」

姉はまた少し笑い、

「どやろね。ほんまにはそんなん、いぃひんのとちゃう？　おっちゃんは自分が信心深いさかい儲かってると信じてるみたいやなあ。やけど、ほんまはおっちゃんが働き者やさかい儲かってんのとちゃうの？　……眠なってきた。あんたも早う寝ぇな。おやすみ」

と言うと、たちまち眠りに落ちてしまった。

歩美さんの位置からは、足もとの柱時計が見えた。

――一一時を過ぎた。家やったら早う寝えやっておかんに叱られる時間や。

やがて、うとうとしかかると、遠いところでにぎやかに騒いでいるような音声がうっすらと聞こえてきた。いとこが低い音でラジオを聴いているのだろうか。それとも一階で誰かが……。テレビでお笑い番組か何かを見ているのかしら……。

姉は静かに寝息を立てて、もう熟睡しているようである。歩美さんは目を閉じて眠ろうとした。

そのうち音は聞こえなくなった。だが、今度は顔に冷たい風がフーッと吹きつけてきた。

エアコンの風とは違う、一筋になった細い空気の流れだ。フーッと吹きかかっては止み、吹きかかっては止み……。気になって目を開けた。

すると、知らない女の顔が近々と目の前にあった。

風ではなく、女が歩美さんの枕もとに屈み込んで、顔に息を吹きかけていたのだった。

白装束の女で、整った顔立ちをしているが、酷く青ざめている。

ウワァッと悲鳴をあげた途端に、目が覚めた。

――なんや、夢やったか。

歩美さんは胸を撫でおろした。と、そのとき再び、遠いにぎわいが耳に流れ込んできた。

大勢の人たちが宴会でもしているかのような感じだ。音は遠く、くぐもっている。

もしかするとラジオやテレビではなく、一階で伯父たちがお酒を飲んで騒いでいるのかもしれない、と、閃いた。たまに両親が友だちを家に招いて麻雀をしている。そのときも、あんなふうに騒がしい。きっと、階段を伝って、そういう音が聞こえてきているのだ……。

安心して、歩美さんはまた目を瞑った。

ところが、またしても白装束の女に息を吹きかけられる夢を見て、目が覚めてしまった。

目覚めると、遠くで宴会をするような音が続いていた。襖の隙間はまだ明るんでおり、いとこが起きていることがわかった。

そこで気を取り直して眠る……と、また白装束の女の夢に起こされた。

柱時計を見ると午前三時だった。いとこは就寝したようで襖の向こうが暗い。にぎやかな人々の声は相変わらず聞こえてきていた。

遠い音声だが、耳を澄ますと、人々が騒いでいる中にときどき、女性の歌声が混ざるのがわかった。歌の後は、湧き立つように宴が盛り上がる。

歩美さんは怖い夢を見るのが厭で、窓に曙光が差してくるまで熱心にその音を聴いていた。神経を集中させると、歌声が高く澄み、とても美しいものであることがわかった。伴奏も聞こえるような気がした。宴席の参加者は喝采し、口々に歌を褒め称えているようだ……。

朝陽が部屋に満ちてくると、潮が引くように音が止んだ。


「歩美ちゃん、起きよし！ ゆっくりやなぁ！ もうみんな朝ごはんを食べはじめてんで。おねえちゃんも、とっくに起きたんや。お蒲団はそんままでええから、早う下に来よし」

伯母に揺すり起こされて、柱時計を確かめたら朝の八時だった。

「今日は出掛けるやさかい、急ぎよし！」

慌てて飛び起きたら、枕もとの床の間が目に入った。真ん中にひと抱えもある大きな船の彫刻が飾られている。人形や宝物のようなものがぎっしりと乗った、帆掛け船だ。

「ああ、それもね、おじはんが大事にしたはるんどすえ。薩摩本柘植の宝船だとか、しょうもな。おもろいやろ？ 後でゆっくりみとぉみぃ。今はあかん。急ぎ！」

歩美さんは〝宝船〟を知らなかった。

後で姉から教えてもらった。

「宝船には七福神が乗ってんのや。七福神いうのは、恵比寿、大黒天、福禄寿、毘沙門天、布袋、寿老人、弁財天ていう七人の神さまんこと。やから宝船はゲンモンなんやて」

「ゲンモン？」

「縁起物。おめでたいもん。ご利益がある」

「ふうん……」

これからずっと後に、歩美さんにも縁起物としての宝船や七福神のことがわかってきた。そして、七福神の一柱である弁財天は音楽の神さまでもあり、琵琶を持っているのであった。……と、いうことは、あの夜に聞こえてきた宴会の歌声は、弁財天のものだったのでは？宝船の上で、七柱の神さまたちが宴を開いており、弁天さまが余興として歌っていたのかもしれない。

歩美さんはしばらく後、中学生になってから、ふと思いついて、姉にこの話をしてみた。

「ああ、聞こえてた、聞こえてた！　ラジオかテレビじゃない？　木彫りの神さまは宴会なんかしないよ。想像力が豊かだねぇ」

と、神奈川県で暮らすうちに共通語がすっかり板についた姉が応えた。

弁財天は日本では神仏習合のお陰で神道に取り込まれて財宝神の性格を持っているが、元は仏教の天部のひとつで、さらに原型はヒンドゥー教の女神・サラスヴァティーに遡る。

福徳神、学芸神、戦勝神、海上神の市杵島姫命と習合した水神の性質を備え、密教では妙音楽天または美音天という音楽神の名でも呼ばれる——というわけで、歩美さんが耳にしたのは七柱の宴会と弁天さまの妙なる歌声だったのだ、と、想像力の徒を自認する私も思う。

菊の花一輪

青森県十和田市の言葉は津軽弁より岩手の南部に近い。

八甲田山の東にある中心市街地は、雪があまり降らないので、気候も津軽らしくない。反対に、十和田湖周辺から八甲田山にかけては豪雪地帯で、冬になると国道の一部が閉鎖されるほど雪が積もる。いずれも東京や大阪などと比べれば冷涼な気候には違いなく、春の訪れは遅く、秋は駆け足で通りすぎてしまう。

十和田市の中心市街地は方眼紙のように整然と区画された街並みが特徴で、近代都市計画のルーツを呼ばれている。そこで佐久間志乃さんの祖父母が家作を経営していたのは志乃さん母子にとって好運なことだった。六軒ある木造の平屋のうち一軒に、ただで住まわせてもらうことが出来たから。

母は、十和田市地方卸売市場こと通称〝とわだ市場〟の事務員として週六日九時五時で勤めており、その他に、新聞配達とアパレル通信販売の営業をしていた。

志乃さんは父の顔を知らない。自分が赤ん坊だった頃に母は父と別れてしまった。

しかし母ひとり子ひとりと言っても、市場で働いている母は顔が広く、家作を借りている
志乃さんたちは祖父母の家の庭先に住んでいるようなものだったから寂しくはなかった。

ひとつ屋根の下に住んでいるのが母と自分だけというのも、中学校に上がる頃になると、
友だち同士みたいな気安さがあって悪くないな、と、思うようにもなった。

志乃さんが中学一年生の年の瀬に、母の友人が亡くなった。

母には友だちが大勢いたから、死んだ人と母との付き合いがどれほどの深さだったのか、志乃さんにはわからない。母と同世代の、つまり逝くには若すぎる女性だったことしか知らない。たぶん大切な友だったに違いない。訃報を聞いたときから母はずっと心ここにあらずといった状態で、何を話しかけても上の空だった。

葬儀の夜、母は一輪の菊の花を手に持って帰宅した。

雪のように白い大輪の菊で、花冠が赤ん坊の頭ほどもある。棺に入れる枕花か、祭壇を飾る供花か……ともかく、仏さんのそばで咲いていなくてはならない弔い花だということは疑うべくもなかった。

「これ綺麗《きれ》だすけ、飾るべえ」

「そったなもの、どさから持ってきた？」

まさか黙ってくすねてきたのでは、と、厭な予感を覚えながら訊ねたら、

「たげ綺麗んだ花だなす、つけっと持ってきたった。一本ぐれえ問題なかんべ」

と、案の定だったのと、悪びれもせず答えた母が珍しく酒に酔っているようなので、志乃さんは腹を立てた。それにまた、不祝儀の花であることが明らかになった途端、頭でっかちな花の格好が生首みたいに感じられ、炬燵にあたっているのに寒気がしてきた。母がつむじ風みたいに冷たい夜気を巻き込んで入ってきたからかもしれない。

母が帰ってくる前、この六畳の茶の間は電気炬燵と石油ストーブで平和にぬくもっていた。

「わがんねぇ。気味が悪いから、ちゃっちゃどなげでけ」

「なげる？　そったいたわしいごとばせばまねって」

志乃さんは、その菊を見ているうちにどんどん、それがただの花だとは思えなくなってきて、だったら見なければいいのに視線が吸い寄せられてしまう……そんなところも普通のこととは思えず恐ろしさは増すばかりだった。

ゴミなら志乃さん自身が炬燵から出て捨てにいく。母に早く捨ててくれと言ったのは、自分では触りたくないからだ。

さっきは生首に似ていたが、今は、しゃれこうべのようにも見える。

「……もっこみて」

思わず、オバケみたいだ、と、本音を呟いてしまった。

母は呆れたと言う代わりに眉を吊り上げて変な顔をしてみせると、コートも脱がずに花を持って台所へ歩き去った。間もなく、一輪挿しに活けて志乃さんの前を澄まし顔で横切り、玄関へ消えた。下駄箱の上に飾るつもりなのだ。

志乃さんは、玄関にあの怖い花があるのだと考えただけで、背中がうすら寒いような気がした。それに、視界から無くなった途端、菊の残り香が辺りにうっすらと漂っていることに気がついて酷く気が滅入った。

部屋着になった母が炬燵に入ってくると、志乃さんは母に背中を向けた。座布団を枕にして横になると、母が揶揄の口調で言った。

「すぅぐ、むんつけるぅ」

むんつけてね（ふてくされてなどいない）と、志乃さんは言い返そうとしかかって止めた。

――確かに、たった一輪の菊を怖がるなんて子どもみたいだから。

母がテレビを点けたのがわかった。間もなくニュース番組の音声が聞こえてきた。《……本日、東証の大納会で日経平均株価が史上最高値三万八九五七円四四銭、同日終値三万八九一五円八七銭を記録しました。三七ヶ月連続で景気が拡大、岩戸景気にも迫る好景気だと……》

そのとき、左の方の眼の端で、何か白っぽいものがチラチラと動いた。

剽軽《ひょうきん》で悪戯が好きな母である。こちらの背中にそっと近づいて、手を振っているのに違いない。目玉だけ動かして左肩を見ると、確かに手だった。

掌が〝バイバイ〟するように揺れている。

折れそうに細い手首に、不意打ちで胸を突かれた。母は、また痩せたんじゃなかろうか。

こんなの卑怯だ。母に意地悪をするつもりはないのに。

「かっちゃ、ちょすな」と、言いながら志乃さんは身体を転がして振り返った。

母は、炬燵に入ってきたときと同じ、角を挟んだ隣で横になって寝息を立てていた。両手はしっかりと炬燵の中だ。

左後ろで揺れていた掌は、もうどこにも見えない。


母を起こして確認しても、そんな悪戯はしていないとのことだった。

――それだば私は寝ぼけだんだっきゃ。

志乃さんがそんなふうに自分を納得させようとしはじめたら、今度は母が「あ」と素っ頓狂な声を出して、窓の方を向いたまま固まった。

何かと思えば、カーテンレールの下の辺で〝パー〟をした掌がチラチラ揺れている。

二人を嘲笑うかのように、手首から上だけの華奢な女の片手が……。

すぐに、テレビのスイッチを切るみたいな速さで消えた。

翌朝、白い菊の首がポッキリと折れて、花冠が下駄箱の上に落ちていた。一輪挿しに茎だけが残った様が墓標のようで、痛ましかった。誰も手折っていないのに、どうして頭が取れてしまったのだろう。花冠と茎を持って、母が外のゴミ捨て場に捨てにいった。家のゴミ箱に入れておくのも怖いと思っていた志乃さんはホッとした。

しかし、これ以降、ときどき手が視えるようになった。あれと同じ、女のしなやかな手である。色白で、いつも片手だけ。たぶん右手だ。さまざまな場所で、昼夜問わず、志乃さんの左肩にちょっと現れては消えてしまう。

数年後、職場の先輩から、「佐久間さんの肩の上に、一瞬、手があった」と、志乃さんは指摘された。異常なものを視たはずなのに、その人は、なぜか少しも怖がっていなかった。それからしばらくして視てもらった霊能者からも、「これは、罪の無い、通りすがりの霊だ。何も悪いことはしないから大丈夫」と言われた。

あの夜の母の歳を越えた今も、まだ憑いている。志乃さんは今ではこの手を友のように感じていて、白い菊も怖いとは思わないのだという。

蛇を殺すな。触るな。目も合わせるな。

美咲さんが生まれた家は宮城県沿岸部で古くから大きな土地を所有してきた家筋で、曾祖父が分家して建てた屋敷は庭だけで二〇〇〇坪を有していた。

本家並びに祖父の弟（大叔父）の家の近くにあり、言ってしまえば近隣一帯の少なからずが血族や姻族で姓を同じくする。

原則的に、私は取材対象者を表すときには姓名ともに仮名を用いることにしているが、美咲さんに敢えて偽の苗字を記さないのは、嘘が多くなることを嫌ったからである。かといって本名を書くと関係者に迷惑を掛けることになりかねない。そこで彼女については仮名の名前のみとした。

以上のようなことから美咲さんが旧家のお嬢さまだということが読者の皆さんにもわかってしまうので、取材時で二七歳の気さくな現代女性だったことを念のため前もって述べておきたいと思う。

私は本来、如何なるときでも家柄などは気に留めることすらしないたちだ。然《しか》しながら、このたび傾聴した逸話は古い信仰が生きている土地でしか生まれ得ないもので、それが彼女が生を受けた家と地域に由来することは間違いないと思われた。

その一方で、懐かしい景色を次々と喪失してゆく、この国に生まれた者が負った宿命について考えさせられるお話でもあった。

火と水で洗われながらなおも立ちあがる人というものを、ときには地べたから寄り添い、ときには俯瞰《ふかん》して考察しながら綴りたいと思う――もちろん美咲さんの怪異体験談が中核を成すことは言うまでもない。

ちなみに美咲さんには、本書において、私立中高一貫校の修学旅行で沖縄を訪ねた折に怪異に遭った話で、すでにご登場願っている。

美咲さんは母方の実家で生まれ育った。母の一族は古くから蛇を信仰していたという。家の当主である曾祖父も信心深かったが、それは本家の教えを汲んでのことに違いないと家族全員がわきまえていた。

本家では、蛇を祀っていた。

——蛇を殺すな。触るな。目も合わせるな。

これが一族に継承されてきた教えである。令和になってどうなるかは神のみぞ知るだが、元号が江戸明治大正昭和平成と移ろっても、変わらずにこの言いつけを守ってきた。

そもそも宮城という土地は蛇信仰と所縁《ゆかり》が深い。宮城県岩沼市の《金蛇水神社《かなへびすいじんじゃ》》がつとに知られるところである。

金蛇水神社の縁起を読むと、冒頭に〝創始年代不詳〟と記されている。〝人々がこの地に住み農耕をはじめた時に、山より平野へ水の流れ出るこの場所に水神をおまつりしたものと思われる〟と。

縁起によれば、この地には昔から水神宮が建っていた。平安時代の一条天皇の御代に、天皇の御佩刀《みはかし》を鍛えよとの勅命を受けた刀鍛冶・宗近が刀作りに欠かせない良質な水を求めて、とある水神宮に辿りついた。そして炉を構えて刀を鍛え始めたところ、水神宮のそばの田んぼで蛙が鳴いてうるさくてかなわない。そこで宗近は巳（蛇）の像を作り、田に放った。すると蛙が鳴きやんだので無事に天皇陛下の御刀が完成した。宗近は感謝を込めて水神宮に巳の像を献納した。水神宮はこれを御神体とし、金蛇水神社と称するようになった——。

刀は火と水をもって錬成される。

民俗学者の立石憲利が《全日本刀匠会》のホームページに寄せた「鉄と水」と題する一考察にはこんなことが書かれていた。

《昔話「蛇婿入り」は、鉄と水の関連を示す話だ。娘のもとに毎晩見知らぬ男が通ってきて、娘はやせ衰える。親が糸を通した針を男の裾に刺すように言う。翌朝糸をたどって行くと、山の洞穴で蛇が死んでいた――こんな話だ。蛇は水の神であり、針は鉄だ。この話も水と鉄が相容れないものだということを物語っている。話はたたら製鉄とも関係しているのではないだろうか》（立石憲利　鉄をめぐる民俗　第六回「鉄と水」より抜粋）

たたらは水を厭い、排水に心を砕いたという。その一方で清浄な水が欠かせないという矛盾を蛇が繋ぐのは興味深いことだ。日本神話に登場する草薙剣《くさなぎのつるぎ》（天叢雲剣《あめのむらくものつるぎ》）は大蛇の尾から出てきたとされる。東雅夫の随筆「蛇と刀の信州路」（『幽』29号〝日本怪談紀行〟より）では、刀剣と龍蛇をめぐる伝承は《記紀神話における、スサノオ神によるヤマタノオロチ退治の物語に遡る》として草薙剣について解説し、その中で草薙の「ナギ」が蛇の古名「ナギ」に由来することにも触れている。

そして草薙剣は、壇ノ浦の合戦において平家一門と共に海に没して消えたのである。

水を守護し水より来りて、水に消える――蛇と水との縁は神代から始まり、平家の栄枯盛衰を通る。宮城県の金蛇水神社縁起の背景が平家を生んだ平安時代であることを鑑みると、神代の蛇が宮城に――平成生まれの美咲さんのところまで這ってくるような心地がする。

ところが、ここにひとつ困ったことが判明している。美咲さんの一族が信心していたのが金蛇水神社であるという確証が無いのだ。蛇を強く畏れる一族であることは確かで、本家や分家はそれぞれ屋敷神を建てて神を祀っている。しかしその御神体を見た者は長らく存在しなかった。

金蛇水神社の分祀であれば、同社の主祭神・金蛇大神（水速女命《みずはやめのみこと》）——水速女命は『古事記』の弥都波能売神《みつはのめのかみ》、『日本書紀』の罔象女神《みつはのめのかみ》の別名で、代表的な水の神——か、境内社に祀られていて庶民には親しみやすい弁財天であろうか。

美咲さんの母方の一族は宮城県の海を望む丘陵地帯の地所を元手に商いをしていたそうだから、金蛇水神社が商売繁盛・金運円満の神として崇敬されてきたことから理に適う。

同社は水の神として、海上安全や大漁祈願にも霊験ありとされているが、美咲さんの祖父は漁業を営んでいたとのことだから、どこも矛盾しない。

しかし金蛇水神社とは関わりなく、土着的な古い蛇信仰に基づいて〝蛇を殺すな。触るな。目も合わせるな〟と言い伝えてきた可能性もある。

民俗学者・吉野裕子はその著作『蛇』（講談社）や『日本人の死生観　蛇　転生する祖先神』（河出書房新社）の中で、古代日本人が蛇を祖神としていたと説いた。蛇の脱皮は生まれ変わり＝転生を想起させ、強靭な生命力は畏敬を呼び起こす。そこに信仰が芽生えたというのである。

……そうそう。『日本人の死生観　蛇　転生する祖先神』には、蛇の目について面白いことが書かれていた。

《蛇の目が古代日本人によって、あたかも光の源泉のようにうけとられていた事実は、神話や古典のなかに、その例をいくつか見ることができる。

まず、八岐大蛇《やまたのおろち》のばあい、その怖ろしさは、目から描写され、「その目は赤加賀智《あかかがち》の如く」と述べられている》

《蛇の目の輝きの描写の圧巻は、『雄略紀』にみられる。（略）天皇が小子部連《ちいさこべのむらじ》スガルに、三輪山の神の姿が見たいからいって捕えてこい、と仰せられた。（略）その大蛇の目の輝きがあまりにも強烈だったため、天皇は御目を抑えて殿のうちに入ってしまわれ、大蛇は山に放されて、これに『雷』という名を賜わった》

——蛇と目を合わせるな。

美咲さんの母方曾祖父の家に代々伝わる禁忌には、神話の名残が見られるようだ。

さて、彼女のうちには東北の旧家の例に漏れず、座敷童がいるとも信じられていた。

二階建ての屋敷は二〇〇〇坪の庭に見合う規模で、上空から眺めれば「コ」の字に似ていた。一階は全室が「コ」の形の廊下に接しており、切れた一端に玄関が開かれ、もう一端は仏間で突き当たりになって閉じていたという。

仏間のそばに階段があり、二階に通じていた。

また、この屋敷が建つ丘の隣にも似たような丘があって、そこには祖父の弟一家が住んでいた。そして二つの家は橋で繋がれていた。丘と丘の谷間に橋を架けたわけで、谷底には美咲さんでも楽に飛び越せる幅の小川が流れていた。

……世田谷の公団アパートで生まれて八王子の数十坪の建売住宅で育った私には、非常に壮大に感じられる環境だが、ここで美咲さんが育った理由は、一義的には、物心つく前に両親が離婚して母に引き取られたことにある。

美咲さんはひとりっ子で、曾祖父の屋敷で唯一の血族の子どもになった。いわば〝姫〟のような立ち位置だ。ひとつ屋根の下に暮らしていたのは、曾祖父母、祖父母、母、母の妹にあたる叔母、美咲さん、そしてたぶん座敷童。

美咲さんは幼い頃、一階の居間で「ひいばあちゃん」に遊んでもらったり、絵本を読んだりするのが好きだった。しかし、遊んでいると途中で、「美咲ぃ」と、誰かに名前を呼ばれることがあったのだという。

「美咲ぃ。美咲ぃ」

曾祖父の声ではない。もっと若い。

当時は五〇手前だった祖父の声に似ているような気がして、

「おじいちゃん、お帰りなさい」

と、玄関に駆けつける……と、誰もいない。

こんなことが頻繁に起きる。そこで声の源を注意深く辿ってみたところ、仏間から聞こえてくることがわかった。

しかも仏間には、なぜか美咲さんの玩具が散らばっていた。普段、仏間の襖は閉められていて、美咲さんは足を踏み入れることを禁じられていたから、そこで散らかした覚えなどあるわけもなかった。

これを曾祖父母は座敷童のしわざであると言った。

母、叔母、祖母は、仏間から足音が聞こえることが前からよくあったと美咲さんに話した。座敷童がいる家は栄えると信じられていたので、家族はみんな喜んでいた。

それで、美咲さんも「美咲ぃ」と呼ばれても怖がる必要はないのだとわかり、この現象を自然に受け容れていた。


小学二年生のときに、家を一軒、母が曾祖父から生前贈与されて、そこに引っ越した。

一家は不動産業も営んでいたが、この家は真正面に墓地があるせいで売れ残ったという話だ。曾祖父の屋敷と同じ町内にあり、通学路が変わっただけで、転校する必要もなかった。

新しい家に引っ越して間もない頃には、近所をよく探検した。

墓地の横に、大きな淀んだ池のようなものがあった。沼である。元は農業用水の溜め池だったのかもしれないが、打ち棄てられた気配を漂わせていた。岸の周囲は鬱蒼とした森で、土地が傾斜しており、縦横に細い道が走っていたという——山によくある森林管理道か林業専用道だろうか。普段その道を人が歩いていることはなかった。

九月の水曜日か土曜日で、学校の授業が四時間目までしかなかった。家に着いたのは午後一時頃で、母は留守にしていた。そこで美咲さんはランドセルを背負ったまま沼のそばの森を、また探検してみることにした次第だ。

探検はすでに何度か決行しており、これまでは危険な目に遭うことはなかった。

今回も、未踏の場所を訪れるから探検なのだ、というコンセプトのもと、入り組んだ細道をずんずん歩いていった。

そしてやがて、沼に戻れなくなったことに気がついた。道に迷ってしまったのである。

沼に戻るか、墓地が見えるところに出られたら……。そう考えて必死で森の中を歩きまわるうちに、辺りが暗くなってきた。もう黄昏どきだ。疲れて、喉も渇いてきた。

根もとに腰を下ろすのに良さそうな大木を見つけると、美咲さんはついに立ち止まった。

ランドセルを下ろして座り込んで木の幹に寄り掛かった。くたびれた……。

と、突然、間近でガサガサと繁みが鳴り、音の方を振り返ったら、小二の美咲さんの背丈ほどもある大きな蛇が顔を目がけて飛び掛かってきた！

悲鳴をあげて横に転がり、危ういところで嚙まれずに済んだ。すぐにランドセルの肩紐を摑んで無我夢中で傾斜を駆け下りた。

すると急に目の間に、刈り込まれた生垣が立ち塞がった。

生垣の隙間に飛び込むと、いきなりパーッと辺りが明るくなり、見たことのある家の前にいた――小学校の友だちの家だった。

振り返ると、さっきまで走っていた森が見当たらない。

生垣の向こうを覗いてみると、道路を車が走っていた。

縁側から友だちを呼んで、出てきた友だちとその母親に事情を話そうとしたが、理路整然と説明するには美咲さんは幼すぎた。よくわかってもらえないまま、麦茶をご馳走になりながら、友だちの家の壁時計を見たら、まだ午後二時だった。

森で迷っていたときは辺りが薄暗くなり、もう夕方になってしまったと思ったのに……。

奇怪なことが起きたのは確かだと思い、母が帰宅するとすぐに打ち明けた。

母は、「蛇神さまが美咲の身ば案じて、家さ帰らせでくれだんだ」と言った。

「あれが蛇神さまなの？　大きかったけど、鱗の色や模様は普通の青大将に見えたよ。それに私に襲いかかってきたんだよ？」

「そうじゃねぐ、山の魔につがまりがけでた美咲を脅がして、此の世さ帰してくれだんだっちゃ。蛇神さまが顕れねがったら、神隠しになっどごだ」

それから三年余りが経った小学五年生の冬休み直前、ちょうど美咲さんが母と曾祖父母の屋敷に泊りがけで遊びにいくつもりだった日のこと。

下校するとき、教室で担任の先生に呼び止められて真っ直ぐ帰宅するようにと言われた。生徒全員に注意するならともかく、ひとりだけ呼びつけてわざわざ命令するようなことでもない。訝しみながら帰宅して、母の携帯電話に報告を送った。

《先生に真っ直ぐ帰れって言われた。今日、おじいちゃんちに泊まりに行っちゃダメなの？》

すると母から電話が掛かってきた。

「おじいちゃんち、燃えてすまっだんだや。すぐ帰っから待っててね」

母は不動産屋を経営していた。一時間足らずで帰ってきて、すぐに母の車で曾祖父母の屋敷がある場所へ向かった。車だと一〇分もかからない距離だ。

車の中で、曾祖父母の屋敷の火事はすでに地域版のテレビや新聞などで速報が出ているのだと母から聞かされた。学校の先生は、たぶんそれを見たのだろう。

美咲さんたちが到着したときには、消防車やパトカーはもう去った後で、水浸しになった屋敷の残骸から、親戚の男たちが桐簞笥を運び出そうとしていた。近所の人たちが庭に集まり、祖父母や叔母と深刻な顔で立ち話をしていて、美咲さんと母の姿を認めると輪の中に招じ入れた。祖父母は、ほとんど燃え尽きてから消防車が来たと嘆いていた。

曾祖父母の姿が見えないのでどうしたのかと思ったら、救急車で市内の病院に運ばれたとのことだった。しかし怪我をしたわけではなく、二人とも高齢で足腰が弱っているし、ことに曾祖父は認知症で介護の必要があるので……と、説明された。

火事の原因は、曾祖父がおしめを乾かそうとしてストーブに乗せたようなので、たぶんそのせいだろうということだった。

祖母が泣き腫らした顔で、

「座敷童がいなぐなってすまったんじゃなかっぺが。ずんつぁんがあだなあんべさなって、今度は火事で家が焼けでまうなんて、悪いごどがつづぐのは……」

と、話すと、そこに居合わせた大人たちは誰も否定しなかった。

美咲さんは、もう長いこと座敷童に名前を呼んでもらっていなかったことに気がついた。

二年生で「コ」の字の屋敷を出てから、もう三年も経っていた。

屋敷があった丘の麓で祖母がクリーニング店を経営していたので、祖父母は新しい家が完成するまで、そこの二階に寝泊まりすることになった。その間、曾祖父母は病院に入院しておいてもらおう、と、話がまとまり、美咲さんと母は自宅に引き揚げた。叔母は美咲さんが小学三年生のときに県内の人と結婚して他所《よそ》に住んでいたので、自分の家へ帰っていった。

それから一年後、同じ場所に新築した二階建ての家で曾祖父母と祖父母が暮らしはじめた。

曾祖父は、美咲さんが一四歳のときに亡くなった。

東日本大震災が発生したのは、美咲さんが高等部を卒業した一〇日ばかり後のことだった。

二〇一一年三月一一日、午後二時四六分に起きた三陸沖を震源とするマグニチュード九・

〇の大地震により、東北地方太平洋側は甚大な被害を受けた。

美咲さんが住んでいた町の沿岸部には、地震から約四〇分後に高さ最大一二メートル、平均七メートルの津波が押し寄せた。七メートルというのは一般的な二階建ての家屋の屋根ぐらいの高さだという。

その結果、町域の約三〇パーセントが津波に呑まれ、死者九四名を出す大惨事となった。

被災家屋は約三七〇〇世帯に達し、震災後は町の景色が一変した。漁港や海水浴場など、町に活気をもたらしていた地域がそこに集っていた人々ごとまるごと消滅してしまったのだ。住人もだいぶ亡くなったが、そこに来て働いていた人や観光客も失われてしまったせいで、復興も遅々として進まず、今も更地が目立つのだという。

美咲さんの祖父の船も津波で流され、漁業は休業せざるを得なくなった。一族の主な稼業である不動産業も痛手を被り、特に沿岸部で展開していた観光関連の事業は再開の目途すら立たなくなった。

しかし美咲さんと母が住む墓地の前の家も、曾祖母と祖父母が暮らす丘の家も無事で、家族のみならず親戚も、ひとりも欠けることなく災害を乗り切った。ほとんどの者が高台に住んでいたためだが、日頃、津波の被害が激しかった地域に出掛けることも多かった。そのときは偶然、全員が、危険な場所に行かなかったのだ。

神のご加護があったのだろうか……。

美咲さんは大学入学からしばらくして、母と丘の家に戻った。

火災の後で新しく建てた家は、昔日の豪壮な屋敷とは別物だったが、住み心地はかえって快適になっていた。墓地の前の家は貸しに出した。

死んだ曾祖父が建てた屋敷神が庭にあった。曾祖父母は熱心に拝んでいたが、祖父母はそこまで信心深くない。老いた曾祖母の介護に時間を取られることもあり、屋敷神はずいぶん前から家族に忘れられていた。

しかし、この頃、美咲さんは、未曾有の災害をくぐりぬけてからひと月ほどしか経っていなかったせいか、自分たち家族が生きていることを奇跡のように感じていた。

蛇を祀る本家の教えや、曾祖父の屋敷にいた座敷童を思い出すようになった。

そして再びこの丘に帰ってきて――屋敷神を気にするのはそのときの彼女にとっては自然な成り行きだったのだ。

屋敷がまる焼けになった火事のときも、延焼を免れた屋敷神である。

屋敷神をご存じない方のために簡単に説明すると、屋敷神とは、国税庁等で公的に取り扱う際には《庭内神祠《ていないしんし》（国税庁の文書では庭内神し）》と称される、住宅や企業等一般施設の敷地内にある御神体を祀り日常礼拝の用に供している社や祠のことである。御神体は不動尊、地蔵尊、道祖神、庚申塔、稲荷などさまざまで、地方によっては伝統的な特色を持っている場合もあるが、基本的に祠の規模や形にも決まりはない……が、ごく小規模で簡素なものが多い——新聞受けと間違われて新聞やチラシを投げ込まれることがあるとボヤいていた人に会ったこともあるし、来客に犬小屋と間違われたと言っていた人も知っていると言えば、だいたい察しがつくだろうか。

そうしてみると、美咲さんの曾祖父が建てた屋敷神は立派な方の部類に入る。わざわざ木造の平屋造りの小屋を建て、その中に銅葺きの屋根を付けた祠が納められていたのである。小屋にはガラスを嵌めた窓や扉もあり、内部にあるのはこの祠のみなのだから、礼拝堂の趣すらある。美咲さんは母を誘ってそこに入り、御神体を調べてみた。

代々の教えを鑑みれば、蛇の可能性が高いと思われた。金蛇水神社に倣うなら水速女命や弁財天という可能性もある。

ところが、祠を開けてみたところ、意外や意外……。

「ええっ！　何これ！　蛇神さまじゃないよ！」

祀られていたのは、斗瑩稲荷《とけいいなり》神社から分祀された御祭神三柱——宇迦之御魂大神《うかのみたまのおおかみ》、豊受比売大神《とようけひめのおおかみ》、武甕槌命《たけみかづちのみこと》——のお札だった。

稲荷神の眷属《けんぞく》は狐だから、つまり曾祖父がここで礼拝していたのは雑な言い方をすれば狐だったということになる。いや、本家の教え（蛇を殺すな云々）を守りつつ、並行して、お稲荷さんのご加護も求めていたということか。

「これは予想外だったわ。どういう経緯でお稲荷さんを屋敷神にしたんだろうね」

「さあ……。おかあさんも驚いた。でも、ひいじいちゃんが、とっけさまを信心してたことがわかって、よかったよ。とっけさまなら近所だし、すぐに神主さんを呼べるもの」

〃とっけさま〃というのは斗螢稲荷神社の愛称で、同社は宮城県のこの地域における稲荷信仰の霊山として、また、正一位稲荷大明神として古くから親しまれてきた。このたび斗螢稲荷神社のホームページを参照したところ、一九八〇年に社務所を建て替える際、約四〇〇年前の縁起巻物が発見されて正しい縁起が明らかになったことがわかった。

それによると、吉備真備《きびのまきび》と共に入唐したことのある霊力の高い白狐・左衛門尉四郎が、九郎判官源義経公と吉野山で出逢い、家臣として時には人に化けて神通力を使って守護しつつ北陸道を経て奥州に至り、義経公と別れた後、僧侶に「(略)我を稲荷明神と祭り候はじ永く山門の繁昌を守護し國家の泰平を守護し　尚　五穀成就　海上安全魚漁(以下略)」と頼んで稲荷神社を作らせたのが斗螢稲荷神社始まりだという。

美咲さんは家族と相談し、斗螢稲荷神社から神主を招いて御祈禱してもらい、この家の屋敷神が正式な分霊社であることを確認した。御祈禱には家族全員が立ち会った。

それからは、母と美咲さんが毎日、屋敷神にお供え物をするようになった。

朝のうちに油揚げなどを供えて夕方に片付けるようにしていたが、ある時期から、夕方に行くと油揚げが消えているようになった。

野性動物が食べているのだろうと思っていたら、ある日、真夜中に屋敷神の方から凄まじい悲鳴が聞こえてきて、翌朝、見に行ったところ、祠の前に獣の毛が大量に落ちており、一方、油揚げは盗られていなかったのだという。

それからは、お祈りをしたらすぐに供え物を下げることにしたので、そういうことは起きなくなったが、不心得な獣を神さまの眷族が迎え撃ちにしたかのような出来事ではある。

本書に所収の「あきちゃん」「キューピッドの合唱」については、TABLO「川奈まり子の奇譚蒐集」(https://tablo.jp/)に掲載されたものを、また「呪殺ダイアリー」「二人のハルキ」については、TOCANA「情ノ奇譚」(https://tocana.jp/)に掲載されたものを、それぞれ大幅に加筆修正した。

川奈まり子

かわな・まりこ

東京都生まれ。女子美術短期大学卒業後、出版社デザイン室勤務、フリーライターを経て、山村正夫記念小説講座で小説を学び、二〇一一年、『義母の艶香』(双葉文庫)で小説家デビュー。単著に『赤い地獄』(廣済堂出版)、『実話怪談　出没地帯』『実話怪談　でる場所』(河出書房新社)、『実話怪談　穢死』『実話奇譚　呪情』『実話奇譚　夜葬』『実話奇譚　奈落』『一〇八怪談　夜叉』(竹書房)、『迷家奇譚』(晶文社)、共著に『嫐　怪談実話二人衆』『現代怪談　地獄めぐり』(竹書房)、『女之怪談—実話系ホラーアンソロジー』(角川春樹事務所)など、怪談の著書多数。

TABLO(http://tablo.jp/)とTOCANA(http://tocana.jp/)で実話奇譚を連載中。日本推理作家協会会員。

少女奇譚《しょうじょきたん》　二〇一九年七月二五日　初版

著者　川奈まり子

発行者　株式会社晶文社

東京都千代田区神田神保町一-一一　〒一〇一-〇〇五一

電話　〇三-三五一八-四九四〇(代表)・四九四二(編集)

URL　http://www.shobunsha.co.jp

印刷・製本　中央精版印刷株式会社

©Mariko KAWANA 2019　ISBN978-4-7949-7099-2　Printed in Japan　JASRAC 出 1907398-901